VOCÊ MERECE UMA SEGUNDA CHANCE

CÉSAR SOUZA

VOCÊ MERECE UMA SEGUNDA CHANCE

Prefácio Primeiro
MARIO SERGIO CORTELLA

Prefácio Segundo
EUGENIO MUSSAK

1ª edição

best.
business
RIO DE JANEIRO – 2017

CIP-BRASIL. CATALOGAÇÃO NA FONTE
SINDICATO NACIONAL DOS EDITORES DE LIVROS, RJ

Souza, César
S714v Você merece uma Segunda Chance / César Souza. – 1ª ed. – Rio de Janeiro: Best Business, 2017.
176 p.; 14 × 21cm.

ISBN 978-85-68905-43-2

1. Empreendedorismo. I. Título.

CDD: 658.11
16-35921 CDU: 658.016.1

Você merece uma Segunda Chance, de autoria de César Souza.
Texto revisado conforme o Acordo Ortográfico da Língua Portuguesa.
Primeira edição Best Business impressa em maio de 2017.

Design de capa: Carolina Vaz.

Direitos exclusivos de publicação em língua portuguesa para o Brasil adquiridos pela Best Business, um selo da Editora Best Seller Ltda. Rua Argentina 171 – 20921-380 – Rio de Janeiro, RJ – Tel.: (21) 2585-2000.

Impresso no Brasil

ISBN 978-85-68905-43-2

Para Yasmim,
que nasceu na semana
em que comecei a escrever a
introdução deste livro.

E para Cris,
coautora das nossas
próximas chances.

Agradecimentos

Aos inúmeros leitores dos meus livros, aos participantes das minhas palestras e aos clientes e colegas da Empreenda Consultoria e do EdE — Espaço do Empreendedor. Pela capacidade de se reinventar, vocês confirmam a cada dia que todo ser humano é grandioso.

Um agradecimento especial à jornalista Cristina Nabuco, fiel escudeira do meu artesanato intelectual.

A Sílvia Leitão, incansável no empenho para tornar a minha obra tangível. A Bruno Zolotar, genial parceiro na arte de colocar meus livros ao seu alcance, leitor.

A Luciana Villas-Boas, anjo da guarda da minha carreira literária.

Sumário

Prefácio Primeiro

Gosto demais da convicção de não se deixar afastar o acolhimento de, ao menos, uma segunda chance! Afinal, supor que na Vida (que não tem rascunho) se possa ficar apenas em uma tentativa e que essa, se fraturada, teria o poder de tornar-se definitiva como impossibilidade, é sinal de coragem frágil e desejo insuficiente! César Souza sabe bem sobre tudo isso e, ao nos instigar, quer, acima de tudo, que sejamos capazes de não desistir quando esta atitude não for inevitável; contudo, ele não se contenta em nos estimular com palavras e sugere trilhas, posturas e reflexões que fortaleçam nossas capacidades.

Para a segunda chance, é preciso que você se permita, elimine o medo, tenha coragem e determinação. Reproduzo aqui o texto que publiquei originalmente no meu livro *Qual é a tua obra?*:

> Por que alguns de nós perdemos as boas oportunidades na vida profissional ou pessoal? Porque temos medo de mudança, que se transforma em pânico. Uma pessoa só aceita a mudança, de fato, quando percebe que será beneficiada no processo. Todos temos medo. A natureza colocou em nós dois

mecanismos para sobrevivermos: medo e dor. Pânico, porém, é outra coisa. Medo lhe ajuda a não achar que é invulnerável. Em todo processo de mudança, é preciso ficar acautelado, e o medo auxilia nisso. Quem não tem medo se sente satisfeito, tranquilo e distraído.

Eu viajo quase todos os dias de avião. Se o piloto está na porta do avião, a primeira coisa que eu pergunto é: "Você tem medo de avião?" Se ele disser que tem, eu viajo totalmente sossegado. Por que, se ele tem medo, o que ele faz? Prepara, organiza, estrutura, estuda, vê mapa, faz o melhor.

Agora, se faço a pergunta:

— Você tem medo?

— Imagina, nem um pouco, faz vinte anos que eu voo.

— E se tiver uma tempestade?

— Ah, na hora a gente vê o que faz.

Aí eu entro em pânico. Atenção: **a coragem não é a ausência do medo**. A coragem é o enfrentamento do medo. Corajoso é aquele que enfrenta o medo e não admite que este sentimento se transforme em pânico ou em inação, em imobilidade. **Mudar é complicado, sem dúvida, mas acomodar é perecer.**

Acomodar é perecer! (...).

É necessário ser capaz de ter medo de não renovar energia e perder oportunidade. De onde vem a palavra oportunidade? Vem do nome de um vento. Os romanos tinham o hábito na Antiguidade de dar nome aos ventos. E um vento que eles apreciavam imensamente, que levava o navio em direção ao porto, era chamado de *ob portus*, o vento oportuno. O que é oportunidade? É quando você pega o vento favorável, aquele que o leva para o porto. O que é o porto? O porto — assim como uma porta — é segurança, é entrada e saída, é aquilo que o impede de ficar estanque na coisa mais perigosa que existe, que é ser prisioneiro do mesmo.

O porto ou a porta impede que eu fique isolado, que eu fique ilhado, sem alternativa. Por isso, a oportunidade é aquilo que nos tira do mesmo porque o porto ou uma porta é, antes de mais nada, uma saída. Como é saída em grego? *Exodus*. Na Bíblia, é a passagem clássica dos hebreus, conduzidos por Moisés, até a terra prometida, Canaã. A palavra em inglês que veio de *exodus* é *exit*. Que significa "sucesso", "resultado positivo" e, também, "saída".

Para ir da oportunidade ao êxito é preciso enfrentar os medos de mudança, romper com esse sentimento e ir atrás do vento oportuno. Para isso, é preciso mudar a mentalidade. É preciso ter uma mentalidade humilde. Uma mentalidade moderna.

Uma característica central de quem não perde oportunidade é a capacidade de ter audácia. **Não confunda audácia com aventura**. A mudança se faz com os audaciosos, não com os aventureiros. O grande pensador alemão Immanuel Kant, no século XVIII, dizia: "Avalia-se a inteligência de um indivíduo pela quantidade de incertezas que ele é capaz de suportar". Suportar não significa sucumbir, mas resistir às incertezas e continuar. Para resistir às incertezas é preciso ter audácia. Repita-se: Não confunda audácia com aventura. Audacioso ou audaciosa é aquele ou aquela que planeja, organiza, estrutura e vai. Aventureiro ou aventureira é quem diz: "Vamos que vamos e veremos no que dá".

O bom navegador não espera o vento oportuno, ele vai atrás. A audácia lhe coloca uma condição: é preciso ser capaz de antecipar. Antecipar é diferente de adivinhar. Antecipar está no campo do planejamento e da ciência, enquanto adivinhar está no reino da magia. Não dá para adivinhar o mercado, mas dá para antecipar. Não dá para adivinhar o processo, dá para antecipar. Para isso, a pessoa que não perde a oportunidade se caracteriza pela capacidade proativa. Diferentemente daquele que só quer adivinhar e é, portanto, reativo.

Portanto, antecipe-se e permita-se uma nova oportunidade, ou chance, pois quem se acomoda perece, ou como diz César Souza, "reinvente-se ou morra".

Mario Sergio Cortella,
professor, conferencista e escritor

Prefácio Segundo

Ainda no avião, as primeiras luzes da manhã já iluminavam o solo brasileiro. Aproveitando a passividade de passageiro, que só o que tem a fazer é apreciar a paisagem e pensar, eu fazia um resumo de minha história quando me dei conta de que a vida é um eterno recomeçar. Deixando para trás uma carreira que foi boa e produtiva, mas que já não fazia mais sentido, eu estava de volta. Precisava de minhas origens, de meu chão. Voltava a meu país, e tudo o que queria era uma *segunda chance*.

O plano era ficar em São Paulo e trabalhar com Educação Corporativa, algo novo para mim e para as próprias empresas, mas em que eu acreditava fortemente. Minha grande sorte foi a de ter encontrado as pessoas certas, que se dispuseram a ouvir minhas ideias e a abrir espaços. Uma delas foi César Souza, um executivo brilhante de uma multinacional, que também voltava ao Brasil e iniciava uma carreira promissora de consultor e palestrante. Nossas conversas me deram luz e esperança.

Aquelas reflexões que tanto me ajudaram a entender meu momento, agora estão disponíveis a qualquer pessoa, neste livro, em que César faz uma síntese da arte de "virar o jogo", e deixa claro que todos merecemos "segundas chances", e que só não precisa delas quem nunca viveu de fato. Grato, amigo, por mais esta contribuição ao humanismo que faz sentido, que privilegia o sonho, a autonomia e a liberdade.

Eugenio Mussak,
professor e escritor

Introdução

A coragem de lutar pela Segunda Chance

Reinvente-se ou morra!
Essa é a escolha que precisamos fazer sempre

A vida é composta por uma sucessão de etapas. A maioria das pessoas, no entanto, acaba se esquecendo disso e repete automaticamente a mesma fórmula, como se a jornada fosse uma só; como se a existência se resumisse a um único ato, marcado por um roteiro rígido que nos leva a insistir em atitudes padrão para não corrermos o risco de cometer novos erros. E, assim, muitas de nossas escolhas recaem em soluções desgastadas, em rituais que nos fazem desperdiçar oportunidades e um tempo precioso.

O fato, porém, é que podemos ter mais de uma chance no trabalho, no amor, na escola, na família, na saúde, na qualidade de vida, na realização financeira e na cidadania. Cada um de nós pode ter tantas "vidas" quantas estiver disposto a viver.

Precisamos acreditar na capacidade de mudança, de criar a Segunda Chance. É o que nos mostram os exemplos de pessoas de sucesso que tomaram as rédeas de sua história. Em vez de confiar sua trajetória ao destino, souberam perceber alternativas e construir uma nova fase em suas vidas. Tiveram a coragem de tomar decisões e implantar as ações que transformaram sua própria realidade. Fizeram acontecer. Renasceram!

Não são apenas as pessoas que se reinventam. Empresas e marcas também podem realizar uma reviravolta e reconstruir seu futuro. As sandálias Havaianas constituem um típico exemplo de uma virada marcante no campo empresarial. Quando foram lançadas, em 1962, a própria fabricante as definia como "a mais simples resposta à necessidade de proteger os pés". Era o que se podia chamar de um produto bom e barato. Esse famoso slogan resumia suas qualidades de forma pragmática: "Não deforma, não solta a tira, não tem cheiro."

Quarenta anos depois, a marca Havaianas começou a se tornar uma das grifes brasileiras mais valorizadas no exterior. Está nas prateleiras de lojas chiques de departamentos como a Saks, de Nova York, as Galleries Lafayette, de Paris, e até nas vitrines da badalada Via Spiga, em Milão, ao lado de criações da Dior e da Prada. E as sandálias têm sido vistas nos pés de celebridades mundiais.

Antes de conquistar um lugar no cenário da moda internacional, a Alpargatas viu as vendas de seu produto despencarem. Vinham em ritmo de crescimento até 1988, quando alcançaram um volume significativo, mas dali em diante entraram em declínio. Foi preciso revitalizar a marca. A sandália tinha forte apelo entre as classes D e E, enquanto a concorrente Rider liderava nas classes B e C. Mas nenhuma delas procurava atrair a classe A.

A empresa decidiu então participar de eventos de moda e investir para que o consumidor identificasse o produto menos pelo seu valor utilitário e mais pelo seu valor emocional. Em 1994, lançou as Havaianas Top, com a intenção de conferir certo glamour à marca.

A virada se tornou notável quando a Alpargatas decidiu posicionar a marca Havaianas, *made in Brazil*, no mercado externo. Entre 2001 e 2004, com a expertise em comércio exterior da administradora de empresas Ângela Hirata, contratada como diretora de negócios internacionais, e com o apoio estratégico fundamental de Fernando Tigre, líder da empresa até 2003, a equipe passou a percorrer os cinco continentes para apresentar as sandálias brasileiras mundo afora, utilizando o modelo "Razão — Sensibilidade — Emoção" como fórmula de desenvolvimento de negócios. Concentrou-se na criação de uma eficaz rede de distribuição, privilegiando os que estavam dispostos a lutar para vender a marca no exterior. Evitou a publicidade de massa e apoiou iniciativas como a da distribuidora norte-americana, que teve a ideia de presentear os indicados ao Oscar 2003 com o chinelo brasileiro. Foi essa distribuidora que sugeriu um modelo mais sofisticado, decorado com os cristais austríacos Swarovski, e contatou os agentes dos 61 indicados ao prêmio máximo do cinema para saber a exata dimensão dos pés de cada uma das celebridades. Como consequência, a marca ganhou espaço na mídia internacional e penetrou nos melhores e mais refinados pontos de venda do mundo. A receita gerada pela exportação do produto quadruplicou.

Sob a liderança de Márcio Utsch desde meados de 2003, essa história de sucesso tem se consolidado com cifras impressionantes.[1] A Alpargatas chegou a exportar para mais de oitenta países e passou a apresentar desempenho recorde e um crescimento marcante nas vendas, enquanto a receita média das indústrias de calçados nacionais andava em sentido contrário. *Para celebrar seus 50 anos, as Havaianas lançaram uma edição limitada de uma sandália especial, e 100% da renda foi revertido para projetos do Unicef no Brasil, em favor da infância e da adolescência.*[2]

Inúmeras outras empresas que operam no Brasil são exemplos recentes de viradas em direção a um novo patamar. São empresas que escreveram um novo capítulo em suas histórias e passaram a desfrutar de um elevado grau de sucesso.

A ousadia da reinvenção: pessoas e empresas

Muitas pessoas, asfixiadas pela rotina, pelas contas a pagar, pelos compromissos assumidos e outras tantas dificuldades cotidianas, vão ficando a cada dia mais angustiadas pela frustração diante da enorme distância que separa seus sonhos da realidade.

Como criar a Segunda Chance no trabalho, em casa, na escola ou na vida pessoal?

Como enfrentar a hora da verdade?

Como fazer acontecer? Como transformar sonhos em realidade?

O verdadeiro segredo de quem inicia uma vida nova não são apenas fatores circunstanciais, extrínsecos, nem se trata de uma questão meramente técnica. Reside em algo qualitativo, invisível, intrínseco, um conjunto de atitudes, uma forma de pensar e agir que permite às pessoas fortalecer sua capacidade de fazer escolhas e às empresas alavancar as competências que as levarão ao sucesso. Essas atitudes as libertam das amarras que as aprisionam a uma visão condicionada, parcial e equivocada de suas prioridades. Trazem de volta o foco para o que é realmente importante.

Essas pessoas conseguem superar as cicatrizes e influências que os acontecimentos imprimem em sua história. Boas ou más, as lembranças do nosso acervo pessoal podem ser consultadas como um velho álbum de fotografias — o primeiro beijo, o primeiro emprego, a primeira casa, o primeiro nó na gravata, o primeiro sutiã, assim como nossos fracassos, mágoas, medos e traumas. Todos esses momentos ficam guardados na memória porque são carregados de emoção. O grande risco é se tornarem uma corrente que nos prende ao passado.

Você merece uma Segunda Chance pretende estimular pessoas e empresas a criar circunstâncias favoráveis, tomar decisões corajosas e produzir ações que as direcionem ao próximo patamar de suas histórias, em vez de ficar esperando que situações inesperadas ou indesejadas as forcem a mudar...

Este livro foi escrito para aqueles que precisam se reinventar profissionalmente porque foram demitidos, em alguns casos após anos de dedicação a uma empresa; para aqueles desmotivados com o trabalho e que pensam em se demitir para fazer algo completamente diferente, ou pelo menos mudar de ares ou de chefe; para o executivo quarentão que não suporta mais a falta de tempo para dedicar à família nem para obter o mínimo equilíbrio nas diferentes dimensões da vida; para a mulher que desistiu de ser apenas a esposa do senhor fulano de tal e decidiu exercer uma profissão ou montar o próprio negócio, ou até mesmo abraçar uma causa social; para o gerente que deseja deixar de ser funcionário e se tornar microempresário; para a lojista que sonha em investir num pequeno restaurante; para as pessoas infelizes no casamento; para a jovem estudante que ambiciona seguir uma carreira internacional; para a profissional insatisfeita com seu dia a dia que pretende voltar a estudar para mudar de área; para o aposentado inquieto que não se conforma com o pijama e vai montar a oficina dos sonhos; para aqueles que, em busca do sucesso fácil, cometeram deslizes dos quais se arrependem profundamente; para os jovens que não conseguem se livrar de certos vícios. Enfim, para quem investiu na profissão, no amor ou em um projeto que não deu certo. Para quem não aguenta mais a vida que está levando e precisa de coragem para iniciar seu momento de virada.

Mais importante do que a circunstância que provoca infelicidade em alguém é a atitude da pessoa diante desse fato. Os vencedores criam os momentos que permitem reinventar o futuro: trocam de emprego ou de cargo dentro da mesma empresa; montam o próprio negócio; mudam de carreira para constituir família e educar um filho; procuram um companheiro em vez de ficarem sozinhos pelo resto da vida; largam a faculdade imposta pelos pais e transformam seu hobby em empreendimento; mudam de cidade; afastam-se de pessoas invejosas e pessimistas; buscam auxílio para superar suas dificuldades.

O livro também se dirige às empresas que precisam se reinventar, sob pena de não sobreviverem. O novo patamar pode demandar a conquista de novos tipos de clientes; a criação de um novo modelo de negócios; vendas para o exterior em vez de atender apenas o mercado doméstico. Para chegar lá, as empresas podem criar inúmeras saídas: obter nova tecnologia; atrair um novo sócio; adquirir outra empresa; abandonar uma linha de produtos; mudar de cidade a sua sede; diversificar os negócios; alterar a forma de se relacionar com seus clientes e fornecedores; investir na comunidade. Muitas vezes, torna-se necessário mudar o modelo de gestão e capacitar ou trocar alguns líderes. Em vários casos, é preciso reduzir custos drasticamente, renegociar dívidas asfixiantes cujos juros drenam seus suados resultados, monetizar ativos ou vender parte do negócio.

Mas não espere um manual de "soluções fáceis". Prepare-se para se defrontar com o desconforto de provocações em vez da leitura tranquila de um receituário de ações e conselhos ditando o que fazer para ser mais feliz. A proposta do livro é estimular sua reflexão sobre o que realmente faz a diferença no momento de criar a

Segunda Chance — a hora da verdade, que tem um impacto transformador na vida das pessoas e das empresas.

Em alguns momentos, inspirei-me na obra *O momento da sua virada*, que escrevi em 2004, da qual tomo como empréstimo alguns casos e histórias de pessoas e empresas, os quais continuam se provando pertinentes e exemplares. Mas fique tranquilo, porque esta obra que você tem em mãos vai muito além da anterior: aprofunda a reflexão e oferece ideias muito mais práticas e oportunas.

A ousadia de me reinventar

Embora o grande dramaturgo William Shakespeare tenha afirmado que o ser humano tem "sete atos", "sete idades", e a sabedoria popular mencione "sete vidas", não proponho esse número cabalístico. Toda pessoa pode ter tantas chances quantas estiver disposta a viver.

Ao longo da minha trajetória, já contabilizei diversos momentos mágicos que abriram novas possibilidades para a minha vida. Por exemplo, mudei de carreira três vezes na mesma empresa.

Não foram fatos isolados. A primeira grande virada na minha vida aconteceu quando eu tinha apenas 9 anos. Morava com meus pais na rua Quinta dos Lázaros, em um bairro humilde de Salvador. Empinador de pipas de mão cheia, por meio desse inocente divertimento senti a primeira chama do empreendedorismo acender em minha alma e percebi a oportunidade de criar um novo futuro para mim e para minha família.

Cansado de ver todas as pipas serem feitas com apenas uma cor, resolvi inovar e produzi o que pode ter sido a primeira pipa colorida na Salvador dos anos 1960 — azul, vermelha, verde e amarela. O sucesso foi tão grande que os meninos da rua onde eu morava não se cansavam de tentar "cortar" e se apoderar da minha pipa. Concluí que, se levasse outras pipas além das que eu empinaria, poderia vendê-las aos vizinhos. Assim, ganhei meu primeiro dinheiro em 1961, antes de completar 10 anos. Mas perdi a inocência: deixei de ser um empinador e me transformei em um fabricante e vendedor de pipas. Cheguei a produzir e vender dezenas de pipas coloridas em algumas tardes.

Com a poupança advinda do negócio das pipas, pude pagar, em 1963, um cursinho particular para concorrer ao exame de admissão para o Colégio de Aplicação, sonho que acalentava havia tempo, mas achava distante por causa das condições econômicas precárias da minha família. Consegui passar de primeira e ingressei num ambiente que marcou a minha vida. Os professores vinham da faculdade de filosofia da Universidade Federal da Bahia, onde o reitor, Edgard Santos, promovia uma reforma sem precedentes, que gerou uma efervescência cultural inusitada em Salvador. O Movimento Tropicalista, o Cinema Novo e várias manifestações no campo das artes são frutos desse momento peculiar que me deu "régua e compasso" para compreender o mundo e querer transformá-lo.

Resolvi cursar administração naquela universidade. Ingressei em 1970. Dois anos mais tarde, eu andava pelo pátio da faculdade de administração quando vi, por uma janela aberta devido ao forte calor, os professores reunidos numa sala. Eles ouviam uma palestra dada em inglês por um convidado. Não entendi metade do que ele dizia, mas fiquei impressionado com a forma como se comunicava e com as reações da plateia. O saudoso professor José Osório Reis me explicou depois que se tratava de uma discussão sobre a obra do famoso Igor Ansoff, reitor da Universidade Vanderbilt e criador do conceito de Estratégia Empresarial, algo incipiente na época. Achei aquelas ideias fantásticas e decidi que Ansoff seria o meu mentor.

Só que, para fazer mestrado naquela universidade norte-americana, eu precisava dominar a língua inglesa. Foi então que decidi vender o meu fusquinha, comprado naquele ano em sessenta prestações. Com o dinheiro, viabilizei minha ida para Alamosa, pequena cidade do interior do Colorado, nos Estados Unidos, onde fiquei durante três meses, morando na casa de uma família que participava de um programa de intercâmbio.

Hoje percebo que troquei um carro, que me levava pela cidade, por um veículo, o idioma, que me levou para o mundo. É preciso perceber as portas que se abrem, quando menos se espera, em nossa vida. No meu caso, não foi apenas uma porta que se abriu, foi uma estrada para um mundo novo.

Sempre acreditei nesses momentos mágicos e na possibilidade de criar não uma, mas diversas alternativas para renascer e viver diferentes *scripts*.

Na virada do ano de 1999 para 2000, aconteceu novamente, quando mudei de profissão. Tive a coragem de deixar uma carreira bem-sucedida e confortável de executivo internacional para criar uma nova vida como consultor, palestrante e escritor. E assim tenho podido ajudar diversas empresas a transformar seus modelos de negócios, aperfeiçoar seus métodos de gestão e desenvolver o potencial de seus líderes.

Fiz isso também na minha vida familiar e afetiva. Tive a sorte de encontrar a Cris, casei-me novamente e, aos 57 anos, tive a felicidade de ser pai pela terceira vez — Thomas, Júlia e agora Yasmim são as fontes de inspiração para meus compromissos com o futuro. Decidi fazer uma virada no meu mundo mais íntimo, promovendo mudanças radicais em meu estilo de vida para vencer o que parecia a progressão inexorável do diabetes tipo II, um distúrbio que se adquire em função de estresse, hábitos alimentares inadequados e sedentarismo impostos pela roda-viva do mundo atual. Reinventei-me várias vezes em diversos campos. Renasci!

Sempre me lembro das palavras carinhosas de um querido amigo: "César, você tem uma enorme capacidade de reinventar sua vida e sua carreira. Quando todos pensam que você já faz parte de certa paisagem, você reaparece em outro cenário."

No momento, inicio mais uma etapa, na certeza de que esta ainda não será a última: ajudar a formar uma geração de empreendedores e prepará-los para atender às novas exigências do mundo corporativo. As velhas práticas de gestão não respondem mais aos desafios atuais. É preciso iniciar uma nova era na administração de negócios e no empreendedorismo. Estou empenhado em contribuir para mudar a mentalidade e criar o que poderá vir a ser o "Movimento do *Neomanagement*". Uma das iniciativas nesse sentido é a fundação do EdE — Espaço do Empreendedor, instituição educacional que visa ajudar a realização do sonho empreendedor dos brasileiros e a diminuir a taxa de mortalidade das pequenas e médias empresas no nosso país.

O momento é propício para pessoas e empresas se reinventarem, virarem a página, se mobilizarem em direção a outro patamar, com maior chance de sucesso por maximizarem o seu potencial.

Receba este livro como o estímulo que faltava para criar, na sua vida, a Segunda Chance pela qual você tanto esperava.

São Paulo, junho de 2017
César Souza
(cesarsouza@empreenda.net)

1. Identifique a oportunidade

Aquele roteiro previsível que durante décadas determinou a evolução da vida das pessoas perdeu a validade. Os fatos já não respeitam mais a antiga ordem, nem o enredo predeterminado. Daí a necessidade de questionar os velhos modelos. As rotas convencionais em nossas mentes podem nos manter acorrentados a formas ultrapassadas de pensar.

No clássico *Passagens*, de 1977, que foi traduzido para 28 idiomas e eleito um dos "dez livros mais influentes do nosso tempo" pela Biblioteca do Congresso dos Estados Unidos, a jornalista norte-americana Gail Sheehy dividia a vida em estágios baseados nas idades cronológicas. Na faixa dos 20 anos, o ser humano idealiza o seu futuro, procura um parceiro, deixa a casa dos pais, inicia uma profissão. Aos 30, está em plena atividade profissional. Aos 40, revisa sonhos e tem a oportunidade de mudar sua história. Aos 50, inicia-se a melhor época para quem se dispõe a encontrar novos propósitos na vida.[1]

O que a autora não destacou é que o sucesso profissional era buscado numa mesma empresa, que garantia a estabilidade do emprego e o sustento dos filhos. Em troca, o funcionário dedicava-se a uma progressão linear: de auxiliar de escritório para encarregado de contas a pagar, chefe de setor financeiro, gerente de departamento e, quem sabe, um dia, diretor da empresa, já no final da carreira. A etapa dos 50 anos era considerada propícia para abandonar estereótipos e encontrar novos propósitos pela proximidade da aposentadoria. Mas não se faziam planos para os 60, 70, 80 anos. A velhice era um terreno nebuloso associado à decadência física e mental.

Era comum ouvir pais, tios, vizinhos e amigos cinquentões fazendo o seu balanço: "Pronto, cumpri minha missão: construí uma carreira e uma família, eduquei e casei os filhos, todos estão encaminhados na vida... Agora posso descansar em paz!" Embora limitado e um pouco triste, esse foi o ideal de vida de muita gente, por muito tempo.

Só que o mundo mudou. E muito. Em 1996, Gail Sheehy atualizou a linha do tempo na vida de uma pessoa. No livro *Novas passagens*, apontou os 45 anos como um momento decisivo, um verdadeiro ponto de mutação.[2] A partir daí, a pessoa pode desabrochar para uma segunda vida adulta. Sheehy nomeou o estágio que vai dos 45 aos 65 anos de *Idade do Saber*, e o dos 65 aos 85 anos de *Idade da Integridade*, e relacionou várias pessoas que brilharam nessa última fase, como os políticos George Washington e Winston Churchill e os pintores Pablo Picasso e Henri Matisse, só para citar alguns exemplos.

Hoje, no entanto, está surgindo uma nova configuração social. Diversos momentos passaram por alterações — não apenas os últimos. Ocorre mais uma revolução nos ciclos da vida. Segundo a antropóloga brasileira Guita Debert, professora da Unicamp, está havendo um "embaçamento entre as fronteiras que separavam as idades".[3] Com isso, a idade cronológica deixa de ser tão relevante e os papéis sociais ganham importância.

A estudiosa cita vários fenômenos indicativos da erosão das linhas divisórias entre as idades:

- A ampliação da faixa etária considerada jovem nas pesquisas demográficas brasileiras, para até os 24 anos;
- O número crescente de adultos entre 20 e 35 anos de idade que não abandonam a casa dos pais ou voltam a morar com eles. De acordo com a edição de 2002 da Social Trends, quase um terço dos homens da faixa etária citada divide o teto com os pais. Em 1977, a proporção era de um em cada quatro. Nos Estados Unidos, essa parcela da população vem crescendo e já representa 38% dos jovens adultos solteiros;
- O desdobramento dos grupos mais idosos da população em três segmentos: meia-idade, aposentadoria ativa e terceira idade. A aposentadoria deixa de ser vista como um momento de descanso e recolhimento para se tornar um período de atividade e lazer, de realizar sonhos engavetados em outras etapas da vida.

De minha parte, gostaria de acrescentar mais alguns fenômenos que observo no dia a dia:

- O encurtamento da infância: crianças adquirindo hábitos de adultos cada vez mais cedo e a puberdade se antecipando;
- O prolongamento da adolescência, que não só leva jovens adultos a morar mais tempo com os pais como também posterga outros eventos: os adultos se casam mais tarde, adiam a maternidade e têm menos filhos;
- O aumento da longevidade: estamos vivendo mais! Essa mudança é tão importante que pretendo discorrer mais a respeito ainda neste capítulo.

Mas os problemas enfrentados em todos esses ciclos não mudaram tanto assim: escolha errada da faculdade ou da profissão, gravidez precoce, casamento infeliz, estresse profissional, dificuldade para engravidar, insatisfação no trabalho, dependência de drogas, insucesso financeiro, divórcio, traição (conjugal ou profissional), problemas de saúde, aposentadoria compulsória.

Porém, se antes alguns problemas eram exclusivos de certa faixa etária, agora podem ser vividos em outra etapa. Uma coisa é ser pai aos 30 anos, outra é isso ocorrer aos 60. Assim, não basta saber em que fase cronológica do ciclo da vida você está. O mais relevante é perguntar: que papel estou representando neste momento? Isso determina o tipo de desafio que você encontra e contribui para identificar a oportunidade.

As oportunidades existem! O aumento da expectativa de vida, por si só, já oferece a possibilidade de criar a Segunda Chance no trabalho, em casa e na vida pessoal. Mas a ela vem se somar outra circunstância favorável: o fato de viver em um momento peculiar (alguns diriam até inusitado) da história da humanidade.

Vamos analisar neste capítulo como a combinação dessas variáveis pode ajudá-lo a identificar a oportunidade de construir o novo tempo de sua vida.

O presente especial: vinte anos a mais de vida

"A vida começa aos 40", gostava de dizer meu pai, que nasceu em 1926, quando a expectativa média de vida do brasileiro girava em torno de 35 anos. Lembro-me bem de ter ouvido esse comentário dele, em forma de brincadeira, no dia em que completei 18 anos. Comemorava, então, o início da idade adulta, no início da década de 1970, tempo em que uma pessoa de 50 anos já era considerada idosa.

Quando nasci, em 1952, a expectativa média de vida dos brasileiros era de mais ou menos 44 anos. Para os homens, sempre foram alguns anos a menos do que para as mulheres. E quem nascia no Sudeste do país vivia mais do que pessoas como eu, nascidas no Nordeste. Então, fazendo as contas, era para eu ter vivido até 1996, mais ou menos. Foi o ano em que nasceram meus queridos filhos gêmeos, Thomas e Julia! Não preciso me beliscar para perceber que continuo vivo e já ultrapassei em muito o que poderia ser chamado de "prazo de validade". E, 13 anos depois, em 2009, já aos 57 anos, tive a felicidade de cortar o cordão umbilical da Yasmim, minha caçula.

O que aconteceu de lá para cá?

O tempo de vida do brasileiro aumentou de maneira espantosa. Quem veio ao mundo nos anos 1960 vivia, em média, 54 anos. Na década seguinte, esse número pulou para 58 anos. No início dos anos 1980, o salto foi maior: subiu para 63 anos. Até chegar à situação atual, em que a expectativa de vida do brasileiro já passa dos 75 anos.

Daí podemos esperar que um número significativo de pessoas da geração dos meus filhos venha a celebrar o seu centenário. Ou seja, será regra em um futuro muito próximo o que hoje ainda é exceção: soprar as cem velinhas de aniversário, como fizeram o arquiteto Oscar Niemeyer, que projetou a cidade de Brasília para ser a nova capital federal, e dona Canô, a reverenciada mãe de Caetano Veloso e de Maria Betânia, apenas para citar duas saudosas personalidades conhecidas.

De forma diferente do que afirmava meu pai, atualmente digo aos meus filhos que "a vida começa aos 60", pois só se considera idoso nos dias de hoje quem já ultrapassou os 80 anos.

Essa mudança de discurso representa o mais valioso presente que nós podemos receber no dia de nossos aniversários: pelo menos vinte anos a mais de vida que ganhamos nas últimas décadas, fruto do progresso das ciências médicas, da tecnologia, da mudança de hábitos e do desenvolvimento da humanidade.

A expectativa de desfrutar esse tempo extra é um presente enorme, que deve ser valorizado. E, como se não bastasse, além de viver mais, é possível viver melhor e ser jovial por mais tempo.

Ganhamos uma "sobrevida" útil tanto para trabalhar quanto para a nossa vida pessoal, sentimental e espiritual. Uma chance de iniciar um novo ato, fazer coisas diferentes. Um presente que pode virar um grande abacaxi para quem não souber aproveitar esse tempo extra e se deixar consumir pela monotonia, a falta de perspectiva, a chatice, a doença.

Vale a pena acrescentar que a Segunda Chance não começa apenas na aposentadoria ou na chamada terceira idade, como se a pessoa só pudesse pensar no próximo estágio quando encerrasse o anterior. Cada um pode começar a refletir desde já — mesmo sendo um jovem — sobre o que esses vinte anos a mais podem representar em sua vida e, a partir dessa constatação, planejar como ela pode ser mais bem-vivida no seu todo.

O desafio de viver numa "mudança de época"

Tantas mudanças têm afetado o nosso dia a dia no trabalho, em casa e no lazer que é comum ouvir que vivemos em uma "época de mudanças". E as proposições vêm cheias de obviedades, como dizer que "a única coisa permanente é a mudança".

Essa visão de mundo parece insinuar que devemos fazer ajustes em nossa vida para conviver melhor com as modificações percebidas. Nunca a teoria da evolução das espécies do famoso biólogo inglês Charles Darwin foi tão citada para transmitir a ideia de que sobrevive quem consegue se adaptar às alterações do ambiente (a chamada seleção natural). Ouvimos com frequência que quem vence não é o mais forte, nem o mais isso ou aquilo: "Os vencedores são os que melhor e mais rapidamente se adaptam às transformações."

Essas novas condições não devem ser analisadas de forma isolada, mas em conjunto, de modo integrado; afinal, uma torrente de mudanças ocorre ao mesmo tempo, afetando-nos em todas as dimensões da vida. Impactam não apenas o nosso trabalho, como também nossa vida pessoal, social, afetiva, espiritual, financeira etc.

As instituições às quais as pessoas se apegavam passivamente no passado para obter benefícios e soluções para os seus problemas — a Família, o Estado, a Igreja e, a partir da Revolução Industrial, também a Empresa — não são mais as mesmas. A Família está se atomizando. Combalida, não consegue mais desempenhar seu papel tradicional. O Estado confessa não ser capaz de resolver os problemas dos cidadãos, tanto que proliferam as ONGs para cobrir áreas não atendidas pelo poder público. A Igreja vive uma encruzilhada existencial: precisa se renovar para sobreviver em longo prazo, mas não quer abrir mão dos dogmas que a consolidaram até aqui.

O último baluarte, a Empresa, está em reconfiguração. Evoluímos da era industrial para o mundo dos serviços, e nele o que conta não é mais a cultura das chaminés das fábricas nem os pilares que sustentaram a industrialização por décadas: a especialização das tarefas, a economia de escala, a departamentalização das organizações e a produção em massa. O que importa hoje é a cultura da interatividade dos serviços prestados pela empresa, não mais a forma como se fabricam os bens.

O antigo pacto "lealdade-estabilidade", que norteou a relação das pessoas com as empresas na era industrial, atravessa uma profunda transformação. As relações trabalhistas precisam e devem mudar completamente nas próximas décadas.

Na opinião do inesquecível Peter Drucker, o principal guru da administração moderna, que encerrou sua brilhante carreira como professor da Universidade de Claremont, na Califórnia (Estados Unidos):

> quando os historiadores analisarem a passagem do século XX para o século XXI, não vão afirmar que a principal revolução desse período foi a tecnológica, nem a gerencial, nem mesmo a internet. Chegarão à conclusão de que o movimento com maior impacto sobre pessoas e organizações foi uma revolução social dentro da qual cada ser humano passou a ser responsável por sua própria vida. Nem a família, nem o Estado, e muito menos a empresa terá a responsabilidade de guiar e dar suporte à vida das pessoas.[4]

Assim, as empresas não garantem mais a estabilidade como antigamente. Até mesmo as corporações japonesas deixaram de assumir esse compromisso. Ficou praticamente impossível prever a evolução de uma carreira profissional. O cenário tem mudado tanto que ninguém pode assegurar que tal ou tal carreira existirá no futuro.

O foco das empresas está migrando do produto para os clientes. O importante não é o que as empresas vendem, mas o que os clientes de fato compram. Mais valioso do que o produto é a experiência vivenciada no momento da compra. Contam a qualidade do atendimento, a capacidade de relacionamento e a competência de oferecer soluções integradas aos clientes e de superar suas expectativas, surpreendendo-os sempre.

Essas duas transições — do mundo industrial para o dos serviços e do foco no produto para o foco no cliente — alteram completamente a forma de exercer as profissões, quaisquer que sejam elas. Mesmo quem trabalha em uma indústria precisa aprender a pensar mais nos serviços e nos clientes do que na fábrica e nos produtos.

Tornou-se importante perceber que estamos evoluindo...

...de um mundo fixo para um mundo móvel: o fundamental é a mobilidade e a portabilidade, a capacidade de carregar consigo e de acessar o que é essencial em qualquer lugar e a qualquer hora;

...de um mundo físico para um mundo virtual: correspondências em papel foram substituídas por e-mails, papel-moeda por cartões de crédito e carteiras de identidade por acessos concedidos por impressões digitais ou pela configuração da íris de nossos olhos;

...do analógico para o digital: a capacidade e a velocidade de processamento de informações, dados e imagens estão sepultando empresas e negócios de certos ramos;

...do previsível para o volátil: o planejamento anual começa a ser sobreposto por estratégias on-line cada vez mais imediatistas, e o que sempre foi encarado como sólido parece dissolver-se numa velocidade estonteante;

...da padronização para a diversidade: os produtos e os serviços precisam ser customizados para atender a necessidades específicas, e a força de trabalho precisa contar com a criatividade de pessoas que pensam de forma diferente, mas complementar;

...da indiferença para a responsabilidade social: as empresas que andavam de costas para a sociedade e para as comunidades passam a admitir que a sobrevivência em longo prazo depende da sustentabilidade ambiental e social.

...da propriedade para o compartilhamento: as pessoas não precisam mais possuir automóveis, imóveis, equipamentos. Novos modelos de negócio passaram a oferecer o uso, o compartilhamento de bens e serviços.

Poderíamos acrescentar a globalização da economia, a biotecnologia, a nanotecnologia e o fato de que estamos aumentando cada vez mais nossa mobilidade física e mental.[5] Por tudo isso, tenho afirmado que não estamos simplesmente vivendo uma "época de mudanças". Vivemos, sim, uma verdadeira "mudança de época", um período de uma transição extraordinária sem precedentes.

Vivemos as incertezas de um tempo desconcertante, cuja natureza, guardadas as devidas proporções, lembra a efervescência ocorrida em outros momentos da história. Menciono, a seguir, algumas dessas "mudanças de época":

- A passagem do século XV para o século XVI, que ficou caracterizada pelo Renascimento e pela Era dos Descobrimentos;
- A derrubada de regimes políticos autoritários movida pelo ideal da liberdade, que culminou na Independência dos Estados Unidos, em 4 de julho de 1776, e com a queda da Bastilha, em 14 de julho de 1789, estopim da Revolução Francesa;
- A ruptura causada pela invenção da máquina a vapor na Inglaterra, por volta de 1850, que deflagrou a Revolução Industrial;
- A virada dos anos 1900, quando novas ideias nos campos da economia, da política, das artes, da filosofia e da religião avançaram e recuaram, de forma desordenada, como verdadeiras ondas de pensamento se chocando com os conceitos preexistentes e lançando as bases para dois momentos marcantes na história: a Revolução Russa (1917) e a Primeira Guerra Mundial (1914-1918);
- O período de grande desenvolvimento que se seguiu ao fim da Segunda Guerra Mundial

> (1939-1945), que levou os Estados Unidos, a partir da década de 1950, à prosperidade e ao topo do cenário mundial. Por isso, o século XX ficou conhecido como o "século americano", que se caracterizou pelo surgimento de empresas modernas, pela Guerra Fria e pela corrida espacial. A chegada do homem à Lua possibilitou avanços tecnológicos no campo das telecomunicações, dos meios de transporte, da biotecnologia e em várias outras áreas do conhecimento.

Desde meados da década de 1990, a partir da revolução advinda da popularização da internet, estamos, mais uma vez, às voltas com outra "mudança de época" marcada por um alto grau de imprevisibilidade. É um enorme desafio! Não temos escolha quanto ao impacto das novas circunstâncias em nossas vidas. Só podemos escolher como lidar com elas: se representarão um problema ou uma oportunidade.

Teses absolutas estão caindo por terra neste tempo de incertezas e de reinvenção. Eram crenças tão arraigadas que acabamos nos tornando prisioneiros dessas "verdades". Mas fatos surpreendentes têm se encarregado de desmistificá-las.

Pois se você, leitor, juntar o que ganhou de presente — a possibilidade de viver pelo menos vinte anos a mais que o previsto — ao desafio de viver numa "mudança de época", o resultado pode ser a percepção de estar agora diante de uma *grande oportunidade.*

Ao combinar esses dois fatores, você pode se sentir como se estivesse diante de uma página em branco, prestes a escrever o segundo tempo de sua jornada. Você tem a oportunidade de lutar pela Segunda Chance e de reescrever a sua história no trabalho, em casa, na escola ou em alguma outra dimensão da sua vida pessoal.

Mas que tipo de oportunidade é essa?

Se a Segunda Chance pela qual você tanto anseia consiste em superar uma situação inesperada ou indesejada, você dispõe de uma *oportunidade tipo I*, aquela que será aproveitada se você souber promover uma *mudança reativa*.

Mas se está tudo bem e ainda assim você julga que deve reinventar sua situação no trabalho, em casa ou na sua vida pessoal para ser mais feliz, precisará criar a *oportunidade tipo II* e promover uma *mudança proativa*.

Oportunidade tipo I: mudança reativa

Em geral, as mudanças reativas são necessárias quando a situação não tem mais jeito. A ruptura já ocorreu, independentemente de sua vontade, e as dores já são insuportáveis.

Na vida de uma pessoa, a causa pode ser uma demissão inesperada, um pedido de divórcio, a perda de um ente querido, uma doença que nos tira de campo, um acidente, a não aprovação em um concurso, a traição de um sócio ou da pessoa amada, a perda da poupança em um investimento errado, um deslize ético cometido em momento de fraqueza ou desespero.

O que melhor simboliza a capacidade humana de superação de adversidades e a persistência na luta pela Segunda Chance na vida é o exemplo dos atletas paraolímpicos. Eles nos emocionam com seu invejável esforço em busca da felicidade. É o caso dos brasileiros Lucas Prado, que garantiu a medalha de ouro nos 100 e nos 200 metros de corrida livre e estabeleceu novo recorde para os 400 metros nos Jogos Parapan-americanos de Guadalajara, em 2011, e André Brasil, que também cravou um novo recorde e conquistou várias medalhas nos jogos Rio 2016.

Na vida empresarial, a ruptura inesperada ou indesejada pode ser traduzida por uma crise criada por um governo incompetente, por desequilíbrios na economia internacional, pela perda de clientes e por vários outros fatores, tais como: baixa rentabilidade, prejuízos acumulados, dívidas impagáveis, desgaste de imagem, mudança de tecnologia, perda de pessoas-chave, conflitos entre sócios, riscos ambientais e éticos, além da entrada de novos concorrentes no mercado, mudanças na legislação ou até uma cultura organizacional inadequada, que leva as empresas, ao longo do tempo, a complacência, acomodação, conflitos internos e pouca sinergia entre as partes.

Uma empresa que se recuperou de uma situação desastrosa foi a Nissan, dirigida pelo executivo franco-brasileiro Carlos Ghosn. A montadora estava afundada em dívidas em 1999, quando Ghosn assumiu o comando em virtude de uma aliança entre a companhia japonesa e a Renault. Seu projeto era ambicioso. Se a

Nissan não voltasse a ser lucrativa em 2000, ele se demitiria, junto com toda a equipe. Ghosn quebrou barreiras culturais entre os empregados, desenvolveu processos de comunicação interna e implementou reformas agressivas. O presidente da Daimler Chrysler, Jürgen E. Schrempp, apelidou-o de "quebra-gelo" (*icebreaker*, em inglês) por sua capacidade de reinventar as práticas comerciais vigentes.[6]

Ghosn se tornou o inimigo número um dos japoneses tradicionalistas. Foi censurado publicamente pela influente Japan Auto Parts Industries Association por não comparecer a uma festa de fim de ano organizada pelos fornecedores da Nissan. Mas os resultados de suas ações não tardaram a aparecer. Em dois anos, a empresa saiu da beira da falência e alcançou lucros jamais registrados em sua história. Estava de volta ao topo no rol das montadoras.

O jornal *The Economist* descreveu Carlos Ghosn como uma síntese entre o mercador árabe, a energia latina, a estratégia gaulesa e a diplomacia oriental, "um cidadão do mundo, talhado para viabilizar o renascimento da Nissan com os instrumentos que aprendeu a manusear no Ocidente". A descrição resume a trajetória do executivo descendente de libaneses, nascido no Brasil e criado como cidadão francês. Promoveu reviravoltas nas operações da Michelin, nos Estados Unidos, depois de passar pela filial da empresa no Brasil, e salvou a Renault da bancarrota. Mas nada se compara ao que fez na Nissan.

"A pior coisa que se pode ter são soluções pré-fabricadas", revelou Ghosn, que ignorou estereótipos ao tomar decisões. Outras lições do presidente da Nissan, eleito o melhor administrador do Japão em janeiro de 2004, após alcançar 999 pontos na pesquisa elaborada pelo jornal econômico *Nihon Keixai Shimbun*: simplicidade, responsabilidade e transparência. "Simplicidade é um sinal de inteligência e trabalho árduo."[7]

Mas Carlos Ghosn teria a capacidade de criar uma "terceira chance" para a Nissan e para a Renault, empresas que ele dirige simultaneamente, uma no Japão e a outra na França? A batalha mais árdua do *icebreaker* teve início no final de 2008 com a derrocada mundial da indústria automobilística decorrente da crise financeira internacional deflagrada com o estouro da bolha imobiliária norte-americana. O negócio automotivo foi um dos setores mais afetados pela crise econômica generalizada, que arrastou as três maiores fabricantes de veículos do mundo — a General Motors, a Chrysler e a Ford —, salvas da falência pela injeção de pesadas somas do Tesouro dos Estados Unidos. Até a Toyota apontou um significativo prejuízo pela primeira vez na sua história de quase setenta anos de lucros ininterruptos.

A Nissan e a Renault estavam preparadas para colher os frutos plantados no biênio anterior. A crise não poderia vir em pior momento, quando novos modelos bastante atrativos de automóveis estavam prontos para ser lançados e consolidar de uma vez por todas o *turnaround* (a reviravolta) iniciado nas empresas. De repente, o mercado consumidor europeu encolheu e os produtos ficaram sem demanda. O que fazer? Como criar uma nova chance para as empresas? Será que o futuro reside no carro elétrico? Ou em veículos sem motoristas?

Esse problema enfrentado pela indústria automobilística é um desafio recorrente no mundo empresarial, que vai continuar tirando o sono de executivos em vários setores de atividades. Não existe uma fórmula mágica nem uma solução padrão. Cada caso merece uma análise aprofundada das alternativas viáveis para produzir a virada necessária. Em algumas situações, conhecer melhor os clientes e o valor que atribuem aos produtos pode ser a saída. Em outras, a solução pode residir em redesenhar completamente a linha de produtos de uma forma mais compatível com as novas regras do jogo econômico. A substituição de gestores por líderes mais adequados nunca pode ser descartada. Mudar o tipo de negócio, utilizando-se das competências peculiares que o diferenciam, também tem sido uma estratégia utilizada. Em qualquer das alternativas, contudo, pode-se perceber um lugar-comum: o sucesso deriva sempre da coragem de mudar, mesmo que tardiamente. E, em muitos casos verdadeiros, soluções disruptivas são necessárias para garantir um lugar no futuro.

Após vários anos de intensa recessão econômica no Brasil, fruto de desarranjo político inusitado, várias empresas em diversos setores (siderúrgico, automotivo, construção, infraestrutura, linha branca de eletrodomésticos, móveis e varejo) precisam promover profundas mudanças no seu modelo de negócio e forma de gestão para, em alguns casos, evitar a falência ou até mesmo ressuscitar.

Oportunidade tipo II: mudança proativa

As mudanças proativas ocorrem quando as coisas vão bem e se busca otimizar um posicionamento ou prevenir uma situação futura adversa. Aliás, o melhor momento para mudar é quando tudo parece bem. Assim, há tempo para planejar as ações, ponderar e decidir sem pressões incontroláveis.

Uma mudança proativa na vida de uma pessoa ocorre quando ela decide trocar de área dentro da *mesma* empresa ou até mudar de emprego, buscando um local onde possa realizar de forma mais plena o seu potencial. Ocorre também quando ela resolve constituir uma família, ter filhos ou até se divorciar antes da deterioração irremediável de um casamento que não está dando certo. Abraçar uma causa social que complemente sua atuação profissional, ou se dedicar a outra profissão, mais próxima de sua vocação. Investir nos estudos para iniciar outra etapa na vida. Mudar de cidade, de país. Passar a trabalhar por conta própria.

O grande artista espanhol Joan Miró realizou uma mudança proativa em sua carreira ao pintar *A terra lavrada*, em 1923. No quadro, o artista "desconstruiu" o realismo que marcara seus trabalhos anteriores — os retratos, as paisagens e as naturezas-mortas elaborados segundo os cânones tradicionais — para representar o imaginário, as figuras aparentemente infantis, a poeira, a partícula. Se continuasse a se inspirar em outros artistas, sem fazer esse movimento de evolução pessoal, talvez tivesse ficado no anonimato. Ao dar vazão à sua criatividade, Miró criou uma obra singular que o projetou internacionalmente como um dos principais expoentes da vanguarda surrealista.

O ex-piloto Raul Boesel iniciou uma segunda fase em sua vida a partir de uma surpreendente mudança proativa. Aos 49 anos, depois de construir uma carreira sólida em mais de três décadas dedicadas ao automobilismo, resolveu seguir um sonho nascido na adolescência, durante um show da banda Pink Floyd, em Londres, nos anos 1980: tornar-se DJ. Contratou um professor e começou a treinar três vezes por semana, quatro horas por dia. "As pessoas diziam que seria apenas um hobby, que eu fazia aquilo para me manter na mídia, que eu era muito velho para estrear como DJ", disse em entrevista à revista *IstoÉ*.[8]

Boesel não desistiu. Todos os anos ele frequenta os festivais de Ibiza, a Meca da música eletrônica. Em 2003, ele se apresentou pela primeira vez na cidade espanhola. Satisfeito com a nova profissão, diz que o tempo das corridas ficou para trás.

Uma das formas de iniciar uma mudança proativa é por meio da gestão equilibrada das várias dimensões da vida: familiar, profissional, espiritual, social, afetiva etc.

Mesmo porque o problema pode não estar onde parece estar. Às vezes, quando o relacionamento conjugal apresenta problemas, a solução nem sempre é romper com o parceiro e se casar de novo. Você pode vir a se divorciar e cometer os mesmos erros na nova relação. Como se diz popularmente, "o buraco pode estar mais embaixo", na falta de equilíbrio entre o trabalho, a vida familiar, a espiritual, a relação com os amigos. Não adianta só atacar o sintoma. É preciso corrigir a causa do desequilíbrio.

Na vida empresarial, a mudança proativa pode ser traduzida em uma nova forma de atendimento ao cliente; na adoção de uma nova tecnologia; no lançamento de novos produtos; numa nova forma de relacionamento com a comunidade onde a empresa opera.

Promover mudanças proativas requer inovação, ousadia, percepção, coragem para transgredir. Produz uma ruptura, uma descontinuidade, um renascer em si mesmo. Foi o que ocorreu em Portugal na época dos descobrimentos.

No alvorecer do século XVI, aquele pequeno país europeu, espremido entre o mar e a nação vizinha, com a qual disputava territórios há décadas, lançou-se num projeto ousado que mudou o destino do Ocidente. Se Portugal quisesse expandir seus domínios e estabelecer novos entrepostos comerciais, teria de enfrentar as desconhecidas águas do oceano Atlântico. Caso tentasse as outras opções, uma marcha terrestre pelo continente europeu ou a navegação no Mediterrâneo ou nos mares do Norte, exércitos franceses, italianos, holandeses, turcos, mongóis e russos, sem falar dos espanhóis, certamente atrapalhariam seus planos. Então Portugal se empenhou numa fabulosa empreitada, que deu origem à Escola de Sagres. Esta, por sua vez, possibilitou a descoberta do caminho para as Índias em 1498 e introduziu o Brasil no mapa-múndi em 1500.

Não é por outra razão que diversas qualidades valorizadas hoje no mundo dos negócios já podiam ser observadas no projeto marítimo português: visão geopolítica, obstinação, espírito empreendedor, criatividade, mobilização de parcerias e alianças, formação de lideranças e treinamento de equipes, realização e perseguição sistemática de avanços progressivos, domínio da logística, financiamentos e configurações econômicas autossustentadas.

Portugal e seus navegadores lançaram as bases de um notável engenho estratégico, dotado de um conjunto de instrumentos de trabalho que habilitaram o país a se qualificar como um extraordinário descobridor de oportunidades. Por meio de ações bem-planejadas, acumularam experiências, quebraram paradigmas, premiaram o talento e inventaram outro futuro.

A equação da Segunda Chance

Os exemplos citados ilustram como a percepção da oportunidade pode levar à Segunda Chance.

Pergunto a você, leitor: já pensou no que pode fazer com os vinte anos extras de vida que ganhou? Ficar remoendo as mesmas coisas e repetindo a experiência adquirida? Ou aproveitar esse fabuloso presente e ampliar as possibilidades de viver um novo roteiro, com um novo papel, em um novo cenário?

Você consegue perceber onde está a sua oportunidade? Ela é reativa ou proativa?

Será que o ritmo acelerado de mudança, que angustia tanta gente, não poderia ser a sua oportunidade de criar um negócio novo, de desengavetar um projeto adiado, de investir em um campo diferente?

Em vez de ficar angustiado, talvez tenha chegado a hora de refletir e tomar uma decisão. A coragem para escolher caminhos é o segundo requisito para criar a Segunda Chance. O primeiro você já sabe qual é: perceber a oportunidade.

A estratégia, entendida como "a coragem de fazer escolhas", é o que pode transformar a oportunidade percebida em um poderoso aliado, por isso será tema do próximo capítulo.

Por hora, saiba que a equação da mudança pode ser assim formulada:

Oportunidade + Estratégia + Coragem **= Nova Chance**

Identifique a sua oportunidade:

1. De realizar uma virada reativa:

Você precisa superar algo que não vai bem? O quê?

....

....

....

....

2. De iniciar uma virada proativa:

Você precisa se antecipar aos fatos e promover uma mudança? Em que área da sua vida?

....

....

....

....

2. Escolha o caminho

Um abandona a caatinga, o outro corre pelo sertão nordestino e o terceiro viaja pelo interior da América Latina. A análise de três filmes do respeitado cineasta paulista Walter Salles Jr. — *Abril despedaçado*, *Central do Brasil* e *Diários de motocicleta* — evidencia uma característica recorrente: seus protagonistas saem pelo mundo, tentando escapar de dúvidas, infortúnios e fantasmas. Lutam por suas identidades. Deixam para trás o futuro em busca de uma nova vida.

"O que me atrai são os personagens que se outorgam uma segunda chance", disse Waltinho, como o cineasta gosta de ser chamado.[1] O interessante é que a trajetória dele próprio, assim como a de seus personagens, revela uma boa dose de ousadia. Economista formado no Rio de Janeiro, ele poderia ter se acomodado em desempenhar o papel de herdeiro do Unibanco, fundado por seu pai, o embaixador Walter Moreira Salles. Poucos teriam a coragem de declinar essa alternativa.

Mas ele preferiu enveredar por um caminho próprio, uma carreira construída passo a passo.

Walter Salles Jr. se tornou "um documentarista que faz ficção", como modestamente se define. Dirigiu Fernanda Montenegro no papel que a levou a disputar o Oscar de Melhor Atriz em 2002. Seu filme sobre a viagem de Che Guevara na garupa de uma motocicleta pela América Latina foi indicado ao Oscar em 2005 como Melhor Roteiro Adaptado e a música "Al otro lado del río", do compositor uruguaio Jorge Drexler, ganhou a estatueta máxima do cinema na categoria Melhor Canção Original.

Não é por acaso que ele concorreu mais uma vez à Palma de Ouro no Festival de Cannes de 2012, com *Na estrada*, uma adaptação do livro *On the Road*, do conhecido autor da contracultura norte-americana Jack Kerouac — que inspirou grande parte dos jovens nos anos 1960 e de certa forma antecipou a onda hippie. Em entrevista ao jornal *O Estado de S. Paulo*, o diretor afirmou: "A questão da busca de identidade talvez seja o traço comum à maioria dos filmes que fiz, e os *road movies* (filmes de estrada) servem a essa temática."[2] Waltinho confirmou sua motivação na matéria publicada pelo jornalista Carlos Messias: "Me interesso acima de tudo pelo tema da identidade", e adicionou de forma convincente que:

> os filmes de estrada são quase sempre sobre personagens que se interessam mais pelo que eles ainda não conhecem do que pelo que lhes é familiar. Na estrada, à medida que você ganha distância do ponto de partida, é mais fácil entender de onde vem e quem você é.[3]

Cineasta e piloto — ganhou em 1996 o Campeonato Paulista Sênior de Kart, em 2006 participou da Porsche GT3 Cup, em 2008 foi vice-campeão da GT3 Brasil e chegou a vencer uma corrida no circuito da França no GT3 Europa —, a trajetória de Waltinho envolve uma palavra-chave: *estratégia*, um conceito amplamente difundido, pouco praticado e muitas vezes malcompreendido, que merece reflexão.

Sobre o tema, ele ensina esta importante lição: "Nos dois casos, você tem que saber traçar objetivos, motivar uma equipe e estar no topo de sua forma a cada volta (na pista de corrida), ou a cada plano (cinematográfico)."[4]

Estratégia: a coragem de fazer escolhas

Quem já trabalhou numa grande empresa deve ter acompanhado (ou pelo menos ouvido falar) sessões de planejamento estratégico, um dos rituais mais previsíveis da vida empresarial contemporânea.

Pelo menos uma vez por ano, dezenas de executivos e gerentes se reúnem, de preferência fora das instalações da empresa, com a finalidade de avaliar os resultados alcançados naquele período e estabelecer as metas para o ano seguinte.

Concentrados em um salão de convenções, assistem a palestras de macroeconomistas e especialistas que anunciam previsões baseadas em pesquisas de mercado, modelos quantitativos e projeções estatísticas. Acompanham a apresentação dos novos produtos e serviços que a empresa pretende colocar no mercado, sem falar nas palestras motivacionais, para que todos saiam turbinados e comprometidos com a estratégia preestabelecida, composta de uma definição de *missão, visão, valores* e *metas* ambiciosas e desafiadoras.

Esses rituais perpetuam o velho paradigma da era industrial: alguns privilegiados — os estrategistas — são pagos para pensar, enquanto a grande maioria é paga para fazer. Mas a inadequação desse modelo começa a se revelar em poucas semanas. As previsões não se confirmam, os mercados "encolhem", os concorrentes aparecem com iniciativas surpreendentes, os clientes resolvem experimentar outros produtos, os fornecedores ficam mais exigentes e alguns executivos ameaçam abandonar o barco. Resumindo: o mundo real não aceita a gaiola da estratégia racional que a empresa tenta impor, muito menos a camisa de força proposta pelos especialistas.

Aprendi a duras penas que a concepção é a parte mais fácil da estratégia. O mais difícil é a execução. Os especialistas em estratégia se ufanam do brilhantismo de suas ideias como se elas fossem suficientes para levar a empresa ao pódio. No entanto, o cemitério corporativo está cheio de empresas com estratégias mirabolantes que não conseguiram ser executadas ou foram abandonadas porque se mostraram impraticáveis.

Como no futebol, o que leva uma empresa a ganhar é a arte do jogo em si, e não apenas a definição de como o time vai jogar.

As estratégias que funcionam na prática não são decididas apenas em salas de diretoria. Nem brotam de uma modelagem racional, lógica e previsível. Na prática, o processo da estratégia também é intuitivo, emocional e, em alguns momentos, até mesmo ilógico.

Estratégia é a arte da escolha. Em outras palavras, é a coragem de dizer não. É manter o foco aonde se quer chegar e pavimentar o caminho até lá. Estratégia consiste na definição do "porto de chegada" e do modo como pessoas, empresas e instituições fazem a travessia rumo ao próximo patamar desejado.

Você leu corretamente: estratégia não é um conceito válido apenas para o mundo empresarial ou para os grandes negócios. É também útil, e muito, para as pessoas que querem dar novo rumo às diferentes dimensões de sua vida — profissional, familiar, social, financeira etc.

Nesse sentido, todos somos estrategistas em maior ou menor grau. Estratégia diz respeito não apenas aos empresários, executivos ou governantes, mas às pessoas dispostas a assumir as rédeas de seu destino.

Espero que essas reflexões contribuam não só para trazer uma lufada de ar fresco ao assunto e desmistificar o conceito de estratégia, mas também para inspirar você a montar a sua própria e a buscar a sua próxima chance em qualquer aspecto da vida.

Construa sua Segunda Chance

Seu sucesso na tarefa de viver o seu próximo ato depende de uma variável importante: a coragem de escolher o caminho entre as inúmeras circunstâncias e oportunidades que compõem a sua existência.

Onde, afinal, residem as oportunidades para você construir sua Segunda Chance? Vamos analisar algumas possibilidades:

- Na vida profissional;
- No amor e na família;
- Na qualidade de vida e na saúde;
- Na superação de acidentes e de incidentes marcantes;
- Na realização financeira;
- Nas escolhas éticas;
- Na vida social e na cidadania;
- Na vida espiritual.

A Segunda Chance na vida profissional

O trabalho, atividade que ocupa a maior parte do nosso tempo, é uma das maiores fontes de infelicidade do mundo contemporâneo. Os problemas começam quando um jovem escolhe a profissão errada. Não tinha certeza de sua vocação e, por influência de amigos, familiares ou de alguma fantasia, resolve ser médico, engenheiro, advogado. Ainda no meio da faculdade, descobre que odeia as disciplinas acadêmicas inerentes àquela profissão e que não nasceu para a coisa. Às vezes, falta coragem de dar meia-volta e redirecionar seus estudos. O medo do fracasso, o receio de parecer indeciso, a insegurança de decidir e a pressão dos outros podem vencer a dúvida. Daí a acomodação prevalece: "Afinal, só falta um ano para me formar... depois ajeito isso e passarei a fazer o que realmente gosto", sentencia sua voz interior.

Eis algumas situações bastante comuns na esfera profissional que tiram o sono das pessoas em diferentes momentos de suas trajetórias:

Perdi o ano na faculdade: dá para recuperar? Sim. Só não dá para recuperar o ano em si, pois a formatura será um ano depois do que poderia ter sido. Você poderá compensar entrando mais cedo no mercado de trabalho como estagiário ou *trainee*. Poderá também caprichar mais nos estudos a partir desse momento. E ainda se qualificar melhor desde cedo em algumas competências que o curso formal não oferece, mas que o mercado poderá exigir, como o aprendizado de um ou dois idiomas estrangeiros.

Filho de peixe peixinho é? Quantos jovens são forçados a seguir a profissão do pai ou da mãe? Um conhecido advogado no Rio de Janeiro sonhava em ver a filha seguindo seus passos e liderando aquela famosa banca de advocacia. Em certo domingo, ele me convidou para um churrasco em sua casa de praia. Entre um drinque e outro, vi a garota saindo do mar com sua prancha de surfe. Não conseguia imaginá-la usando a toga em um fórum para defender um réu. Revelei isso a ele e quase perdi sua amizade. O pai insistiu, e a filha se viu obrigada a cursar Direito. Contudo, jamais aceitou trabalhar no escritório do pai. Casou-se logo após a formatura e foi morar no exterior com o marido. Sente saudades do Brasil e da praia, mas prefere ficar longe das cobranças do "velho".

Não aguento mais esse trabalho. A vida corporativa tradicional é cheia de idiossincrasias e desencantos. Uma enquete com mais de quinhentos executivos que realizei recentemente em um evento, revelou que mais de 60% dos homens e das mulheres estão infelizes com o trabalho. As empresas, por sua vez, ainda não perceberam que a causa da insatisfação reside no trabalho em si e na forma como as pessoas são gerenciadas — mais tratadas como cargos do que como pessoas. Tentam aplacar a insatisfação com iniciativas cosméticas, investindo em programas de qualidade direcionados ao "bem-estar", sem apontar para soluções na estrutura da empresa, no plano de carreira e no reconhecimento profissional. Ou seja, atiram no alvo errado. Nas palavras do professor Mário César Ferreira, da UnB, que coordenou um estudo sobre o tema, "o que as empresas vêm fazendo é uma espécie de ofurô corporativo: o funcionário vai para sessões de relaxamento e depois volta para o mesmo clima deteriorado e tem até um choque de realidade".[5]

Outras vezes, um profissional, após anos de dedicação à empresa, construindo uma carreira vertical e progressiva dentro de determinada área funcional — contábil/financeira, por exemplo —, chega à conclusão de que não é bem aquilo o que gostaria de estar fazendo. Percebe que sente muito mais prazer ao lidar com o público e que gostaria mesmo é de atuar na área comercial, visitar clientes como gerente de vendas. "Você está louco? Vai jogar tudo fora para tentar algo que não é o seu *métier?*", é o argumento mais frequente dos familiares, amigos e colegas para os quais alguém confidencia seus desejos profissionais mais íntimos.

Não aguento mais meu chefe! Outra situação recorrente é a do profissional que trabalha em uma área comandada por um chefe que não o valoriza, não o estimula e, em casos extremos, até o assedia ou agride verbalmente. Esse tipo de "chefe tóxico" pode destruir a autoestima de uma equipe e de funcionários, que ficam acuados diante do poder hierárquico. Por serem protegidas pelo silêncio, infelizmente tais atitudes destrutivas proliferam em algumas empresas.

Fui demitido, e agora? Complicado mesmo é quando a pessoa, de forma inesperada, é demitida — porque a empresa corre o risco de fechar as portas devido ao mercado ou foi comprada, mudou de ramo ou simplesmente resolveu enxugar sua estrutura — sem ter tido a oportunidade de se preparar para tal desfecho. O mais comum é simplesmente mudar de emprego, buscar uma nova empresa para trabalhar. Às vezes dá certo, mas nem sempre. A pessoa pode mudar apenas o cenário de sua infelicidade e, após certo tempo no novo emprego, por não conseguir entregar os resultados esperados, é mais uma vez demitida, ou então se demite porque não consegue se realizar profissionalmente. Fica saltando de galho em galho, de emprego em emprego.

O que fazer, então? Que tipos de Segunda Chance buscar? O emprego ideal existe?

Existem várias alternativas. Uma delas é trabalhar por conta própria ou mudar de área dentro da mesma empresa. Um amigo meu optou por esse caminho e permaneceu durante vinte anos trabalhando para a mesma personalidade jurídica, mas variando muito de atividade, sem se fixar em apenas um papel profissional. Migrou de uma área funcional para a de Planejamento Estratégico, mais perto dos negócios da empresa, e depois entrou de cabeça na área comercial. Construiu uma carreira no exterior, onde atuou durante 15 anos em vários países diferentes. Nunca teve um dia igual ao outro. Descobriu que o emprego ideal estava dentro dele!

Mas, se você estiver infeliz no trabalho, se já tiver esgotado suas possibilidades na empresa atual e sentir a necessidade de maior autenticidade na condução de sua carreira, a melhor opção é procurar oportunidade em uma organização cujos propósitos convirjam com seus valores pessoais. Para isso, é aconselhável, entre os critérios de escolha, sempre incluir simpatia pelo que a empresa faz e empatia e admiração por seus líderes. Mas não se esqueça de, ao arrumar as malas para a partida, incluir um componente fundamental em sua bagagem: um planejamento financeiro razoável, que dê sustentação à sua decisão de mudar.

A opção de sair exige clareza de propósitos e coragem. Mas pode ser facilitada no momento em que o ambiente de negócios e o mercado de trabalho apresentam condições mais favoráveis — mais emprego, maior renda e maior demanda por profissionais qualificados.

A revista *Você S/A* deixou isso claro em seu editorial publicado em junho de 2012:

> À medida que o mercado permite mais movimentações, os profissionais deixam de ter tanto receio de mudar e passam a não tolerar ambientes que não os satisfazem. O passo seguinte é ir atrás de novidades, de realização, de melhores condições, e

> tirar da gaveta os planos de mudar completamente de trajetória, de ter uma agenda mais flexível ou de abrir o próprio negócio.[6]

A alternativa de deixar de ser empregado e virar empregador, abrindo o próprio negócio, está em alta. Pesquisas confirmam que empreender passou a ser o sonho de mais da metade dos brasileiros com até 30 anos e consistentemente têm revelado que essa nova safra de empreendedores brasileiros é mais bem-preparada que a geração anterior.[7]

Uma variante dessa possibilidade é que o negócio próprio venha a prestar serviços à empresa onde se trabalhava antes da demissão. Após o seu desligamento, um engenheiro que chefiava o departamento de manutenção de uma grande fábrica em Camaçari, Bahia, montou uma oficina mecânica para atender ao antigo empregador.

Como enfatizo em meu livro *Jogue a seu favor* (2016), ser dono do próprio negócio exige outros cuidados. Sempre gosto de recomendar que uma pessoa só faça isso se for coerente com a sua vocação, se gostar do ramo de atividade do negócio que pretende abrir. Aí a chance de sucesso aumenta. O negócio ideal está dentro de cada um. Se a pessoa gosta de culinária, pode montar uma horta para ser fornecedor de restaurantes, uma pequena fábrica de utensílios de cozinha ou até um restaurante. Um curso de culinária também pode funcionar.

Se a sua paixão estiver vinculada à moda, fabrique tecidos ou peças de vestuário, monte uma butique, seja fotógrafo ou produtor nessa área. Uma vez, durante uma palestra em Nagoya, no Japão, para uma multidão de decasséguis (descendentes de japoneses que vão ao país a trabalho), fui taxativo: "A única exceção para essa regra de abrir um negócio coerente com o que você gosta é esta: se uma pessoa gosta de beber, não abra um bar."

Mas, para mudar o rumo de sua carreira e buscar sua Segunda Chance, você não precisa estar infeliz no trabalho, ser demitido, ter um chefe insuportável ou ser forçado a parar de estudar a fim de colaborar no sustento da família. Você pode ser proativo e fazer uma mudança mesmo quando as coisas andam bem. Aliás, em muitos casos, o melhor momento para mudar é quando tudo vai bem.

É o que nos ensina Reinaldo Polito, mestre em ciências da comunicação, professor de oratória, palestrante e escritor:

> Não existia nada de errado com a minha vida. Meu futuro parecia perfeito e garantido... Então, por que arriscar uma mudança numa fase tão estável? Porque estar razoavelmente satisfeito não é o mesmo que ser feliz. [...] meu espírito pedia mais. Eu nunca tive medo de mudar.[8]

Graças à sua lucidez e sua coragem, Polito deixou o banco onde trabalhava, em 1985, mesmo sendo um profissional respeitado e bem-remunerado, para se dedicar exclusivamente ao ensino da oratória. O Brasil pode ter perdido um eficiente bancário, mas ganhou um dos maiores especialistas do mundo na arte de falar em público. Seus cursos ajudam milhares de brasileiros a se comunicar melhor, uma das competências essenciais de quem decide lutar pela Segunda Chance.

A Segunda Chance no amor e na família

As situações que envolvem família e afetos são muito mais complexas e delicadas: casamentos que não dão certo; relacionamento tumultuado entre pais e filhos; brigas de irmãos; desavenças entre parentes das duas famílias, estranhamentos de genros e noras com os sogros. Essas situações traumatizam as pessoas e, às vezes, é difícil superá-las.

"Um erro trágico que cometi na vida foi o de não ter procurado meu pai após o divórcio dele com a minha mãe. Passei vinte anos sem vê-lo. Só fui reencontrá-lo no dia de seu funeral", revelou, com a voz embargada, uma jovem participante de um evento que eu conduzia. Muitas pessoas não conseguem resolver esse misto de sentimentos de perda e culpa. Infelizmente, carregam dentro de si a situação não resolvida, o que pode refletir no seu desempenho como pai ou mãe e como profissional.

De fato, a morte de um ente querido inviabiliza uma correção de rumo concreta e real naquele relacionamento específico, mas ainda assim a pessoa pode se dar a Segunda Chance nas emoções e tentar superar o trauma. Perdoar-se talvez seja o primeiro passo do caminho a ser trilhado.

Me divorciei: vale a pena me casar de novo? Por causa das frustrações decorrentes do desacerto no primeiro casamento, muitas pessoas desistem de tentar outra vez e ficam estagnadas, amarguradas, ressentidas e solitárias, sem exercer o direito de ser feliz no amor. O que piora a situação é quando o "ex" ou a "ex" segue em frente, apaixona-se por outra pessoa, se casa e vive feliz no novo relacionamento. A existência de filhos em comum agrava o quadro. Aí o sofrimento é generalizado: um se move pela raiva, o outro, pela impossibilidade de conviver melhor com os filhos, e esses, muitas vezes induzidos ao rancor ao pai ou à mãe distante, são os que mais sofrem.

Perdi o bebê: vale a pena engravidar outra vez? A perda prematura de um filho, quando planos já estavam sendo feitos para o quarto do bebê, o nome já havia sido escolhido e até roupinhas estavam sendo compradas, é uma experiência muito delicada e traumática.

Fiquei viúvo(a), e agora? A morte do companheiro ou da companheira provoca uma dor difícil de ser superada. O trauma é ainda maior quando acontece de maneira repentina, por uma doença inesperada ou um acidente trágico.

Que alternativas buscar? A felicidade existe?

Vários exemplos ilustram a possibilidade de se ter uma Segunda Chance em diversas outras situações e em relação ao amor e à família.

Dois amigos resgataram um amor que havia ficado arquivado por quase cinquenta anos. Ao se reencontrarem, ela estava com mais de 60 anos e viúva há seis. Ele tinha mais de 80 anos e vinha de um casamento que já não funcionava mais. Ele se divorciou e, dois anos depois do reencontro, estavam oficialmente casados. Nunca é tarde para uma Segunda Chance.

Sempre estimulo as pessoas a, depois de certo tempo de separação, buscar novos parceiros, pois a vida sem companhia relevante e sem amor não é muito gratificante.

Conheço várias pessoas que passaram a ser felizes sem precisar se atirar nos braços de novos parceiros logo após uma separação, como me relatou uma amiga aqui identificada como Carina Carvalho, que prefere que sua identidade não seja revelada:

> *Este é um assunto que aflige bastante as mulheres que precisam se dar uma Segunda Chance. Quando meu segundo casamento acabou, eu tinha 42 anos, uma bela carreira, uma filha adolescente e um salário que não dava para pagar as contas sozinha. Típico. Achei que tinha acabado ali, que ficaria sozinha e "dura" para sempre. Não sabia mais namorar nem achava que havia muita chance para uma mulher da minha idade, que devia me preparar para ser avó.*
>
> *Descobri que estava completamente errada. Posso não ter ainda encontrado a pessoa certa nesses últimos anos, mas me diverti muito mais do que quando vivia uma espécie de solidão a dois. E me encontrei. Descobri o prazer de ter meu tempo só para mim. Refiz amizades e ganhei outras. Voltei a estudar, voltei a malhar, voltei a ir à praia. Eu me dediquei mais ao trabalho e nunca ganhei tão bem na vida.*

> *Lembro-me até de que, no auge do pânico por ter de enfrentar a vida sozinha, fiz uma lista de medos. Muitos efetivamente aconteceram, mas a maioria não. Aprendi a fazer uma pergunta-chave: se eu não tivesse medo de ______________, o que eu faria?*

Faço agora a mesma pergunta a você, leitor(a): se você não tivesse medo de ______________ (aponte seu maior medo), o que você faria?

A forma como Carina se reinventou nos leva a alguns aprendizados, especialmente para as mulheres. O primeiro deles é que o casamento não é a única solução para os nossos problemas afetivos ou familiares.

O segundo é que muitas vezes é necessário dar um tempo e concluir de fato e intimamente uma relação antes de mergulhar em outra. Muitas pessoas não aguentam passar algum tempo sozinhas e substituem uma pessoa por outra de forma compulsiva — isso quando já não acertaram um novo alvo antes mesmo de encerrar a situação anterior. Muitas vezes mudam apenas de cenário e de antagonista, mas a essência da relação afetiva continua a mesma, numa repetição pouco percebida.

O terceiro aprendizado é que, mesmo sozinhas, mesmo com a queda momentânea do padrão de vida após a separação, e mesmo que todos digam o quão difícil é encontrar um parceiro, isso pode mudar. Pode, sim! Mas não basta apenas querer para recomeçar. É necessário coragem para fazer escolhas, planejamento, disciplina e determinação em busca de uma nova chance no campo familiar e afetivo.

A Segunda Chance também pode ocorrer na relação entre mãe e filho, como ilustra a história da cantora Maysa e o seu filho, o diretor de novelas e seriados Jayme Monjardim. Maysa reinou na cena artística brasileira durante quase duas décadas, entre 1958, quando gravou "Meu mundo caiu", até 1977, quando morreu em um trágico acidente na Ponte Rio-Niterói.[9]

O único filho da cantora veio ao mundo em 11 de maio de 1956. Quando ela se desquitou, o garoto passou a viver boa parte do tempo na casa dos avós maternos, pois ela decidira mergulhar na carreira e passava por constantes tratamentos para se curar do alcoolismo, como é de conhecimento público.

Durante anos, até os 14 de idade, Jayme ficou num colégio interno em Madri, Espanha, onde a mãe residira durante um período. Após assistir, sozinho, em uma enorme sala do colégio, à partida final entre Brasil e Itália pela Copa do Mundo de 1970, decidiu voltar ao país de origem. Sua mãe não o esperava no aeroporto quando chegou. Meses depois, Jayme obteve a sua emancipação legal, antes mesmo de completar 15 anos.

Mãe e filho se reencontraram no casamento dele — ainda muito jovem, aos 20 anos — e, de certa forma, fizeram as pazes. Maysa acompanhou o casal até o aeroporto para a viagem de lua de mel. Foi o último encontro deles. Quando Jayme voltou da viagem e tomava banho na chácara de um amigo, ouviu pelo rádio a notícia do acidente e da morte da mãe.

Jayme integrou as equipes de direção de importantes produções, como *Roque Santeiro* (1985) e *Sinhá Moça* (1986), até assinar sua primeira novela, *Direito de amar* (1987). Seu grande salto aconteceu com a direção inovadora de *Pantanal* (1990), sucesso da antiga TV Manchete. De volta à Globo na década seguinte, dirigiu uma sucessão de histórias marcantes para o telespectador brasileiro, como *Terra nostra, O clone, Viver a vida* e *Páginas da vida*. Eclético, em 2011 dirigiu e produziu o bem-sucedido show do cantor Roberto Carlos em Jerusalém.[10]

Em 1997, ele recontou a trajetória da mãe em um longa-metragem inacabado que deu origem a um especial na TV Bandeirantes. Em 2009, Jayme dirigiu a minissérie da Rede Globo que leva o nome da artista, *Maysa – quando fala o coração*, percebida como um resgate emocional da memória da mãe. Alguns até consideram que ele tornava público um gesto de perdão. Uma das evidências é que a filha mais nova de Jayme com a cantora Tânia Mara, nascida no final de 2010, recebeu o nome da avó famosa.[11]

A Segunda Chance na qualidade de vida e na saúde

Pesquisas recentes sobre os sonhos e pesadelos dos executivos brasileiros apontam que "equilibrar melhor o trabalho com a vida pessoal" e "investir mais em saúde e qualidade de vida" são as duas prioridades indiscutíveis da maioria.[12]

Mas esse desejo ainda está longe da realidade. Clínicas especializadas em saúde e estresse dos executivos apresentam dados alarmantes sobre hábitos alimentares e falta de exercício físico, além da alta incidência de vícios nocivos à saúde.

"O estresse é o preço que se paga pelo sucesso", afirmam de modo quase uníssono médicos, psicólogos e terapeutas organizacionais. Segundo o Centro Psicológico de Controle do Stress, a proporção de estressados entre profissionais em cargos de nível executivo subiu de 40% para 49% num intervalo de dez anos.[13]

Eis por que uma das questões mais frequentes no mundo corporativo é: "Só ando cansado e doente, acho que estou somatizando. Como readquirir a forma e o bem-estar?"

Lidar com essa realidade exige mudar o estilo de vida. Isso depende das pessoas e do ambiente em que trabalham. No caso do tabagismo, o mundo corporativo demonstra certo avanço. Mas não se pode dizer o mesmo a respeito de alimentação saudável, da prática de exercícios e do controle de peso. Por causa do cardápio equivocado e do sedentarismo, 52,5% dos brasileiros estão acima do peso e 17,9% são obesos. Para forçar a reversão desse quadro, empresas começam a incluir as condições de saúde entre os critérios de avaliação e premiação dos empregados.[14]

Felizmente, existem vários exemplos de pessoas que protagonizaram viradas em direção à saúde e à qualidade de vida. É o caso da vice-presidente de sistemas pessoais da SAP no Brasil, Cristina Palmaka, que diz: "Sucesso é ter equilíbrio: cuidar da carreira, dos filhos, do casamento e da saúde. E saber lidar com o desequilíbrio."[15]

Ela começou a trabalhar aos 16 anos, como estagiária da Philips, em busca de independência financeira. Nas horas vagas, Cristina corre. E como corre! Corria entre 10 e 15 quilômetros ao ar livre, quatro vezes por semana. Maratonistas, ela e o marido participaram de duas provas em 2009: na Disney e em Berlim. Já correram em Chicago, Londres, Paris e Nova York.

Uma celebridade polêmica no mundo dos negócios que também demonstra alto compromisso com a saúde e a qualidade de vida é o conhecido empresário Abílio Diniz. Além de escrever um livro a respeito, ele mantém um site com dicas sobre a arte do equilíbrio.[16]

Já um exemplo inspirador de superação de um grave e inesperado problema de saúde é relatado pela bióloga e jornalista Ana Maria Braga, referência obrigatória na televisão brasileira com o conhecido programa matutino da TV Globo *Mais você*.

Filha única, Ana Maria passou a infância e a adolescência estudando em internatos no interior de São Paulo. Na adolescência, disposta a fazer faculdade, fugiu de casa e começou a trabalhar para poder se formar em biologia pela Universidade Estadual Paulista, em São José do Rio Preto. Depois se transferiu para a capital e, para pagar os cursos de especialização, conseguiu um emprego na extinta TV Tupi, na qual chegou a trabalhar como uma das apresentadoras de um telejornal — o antigo *Rede Tupi de Notícias*. Cursou a faculdade de Jornalismo e tornou-se assessora de imprensa e diretora comercial das revistas femininas da Editora Abril.

A partir de 1993, e por sete anos, Ana Maria dirigiu, produziu e apresentou o programa *Note e anote*, na Rede Record, que lhe rendeu vários prêmios. Depois, já na TV Globo com o vitorioso *Mais você*, um câncer a surpreendeu. Ana não se deixou abater e conseguiu vencer a terrível doença. Voltou a apresentar o programa mesmo tendo perdido os cabelos, como consequência da quimioterapia. Seu retorno emocionou muito o público, com os colaboradores vestindo camisetas em que estava escrito "time da guerreira".

Outra questão frequente: Sou um viciado: posso me recuperar? João Guilherme Estrella, cuja história foi retratada no livro *Meu nome não é Johnny*, ilustra bem uma virada saudável: jovem de classe média alta do Rio de Janeiro, rodeado de amigos, começou a usar drogas e se aventurou no mundo do tráfico. Foi preso, redimiu-se, mudou seu estilo de vida e hoje dá palestras sobre como combater a dependência.

Todos esses exemplos apontam uma mudança de paradigma no equilíbrio entre a vida pessoal e a profissional. Mas a maior transformação de atitudes talvez ainda esteja por vir pelas mãos dos jovens da chamada Geração Y, muito mais comprometida com a saúde e a qualidade de vida. Eles já estão escolhendo onde trabalhar por critérios que vão muito além do financeiro. Buscam um lugar que lhes permita equilibrar a vida pessoal com o trabalho e o lazer, além da possibilidade de deixar um legado.

A Segunda Chance na superação de acidentes e incidentes marcantes

Doenças, acidente, assaltos, homicídios e outros incidentes da vida contemporânea são situações inesperadas e indesejadas que batem à nossa porta na forma de uma tragédia pessoal que por vezes levam embora entes queridos para sempre.

Foi uma fatalidade: como voltar ao normal? Exemplos de como dar a volta por cima após experiências trágicas ilustram, de forma drástica, o conceito de "resiliência". Derivado da física, o termo significa a capacidade dos corpos de recuperar sua forma original após um forte impacto, uma deformação, um trauma. Herbert Vianna, vocalista da banda Os Paralamas do Sucesso, e sua esposa, Lucy, sofreram um acidente com um ultraleve em Angra dos Reis, litoral Sul do Rio de Janeiro, em 2001. Lucy faleceu na hora. Herbert teve traumatismo craniano, esmagamento nas vértebras e ferimentos graves nos pulmões. O acidente o deixou paraplégico, mas em pouco tempo ele voltou a cantar, tocar e compor. Sua recuperação foi surpreendente! Um ano e meio depois do acidente, ele se apresentava no palco com os Paralamas. Dominou a guitarra, lembrou todas as letras, fez solos e sua voz estava límpida.

Eu mesmo testemunhei uma de suas disciplinadas sessões com uma fonoaudióloga durante um fim de semana prolongado num hotel em Búzios, no Rio de Janeiro. Treinava muito para recuperar a fala e a memória.

O iatista Lars Grael é outro exemplo de superação. Em 1998, após conquistar duas medalhas de bronze olímpicas na classe Tornado, em Seul (1988) e em Atlanta (1996), ele treinava para uma regata em Vitória (ES), em comemoração ao aniversário da cidade. De repente, uma lancha invadiu a área demarcada para a prova e atingiu seu barco. Lars caiu no mar, foi sugado para baixo da lancha e a hélice decepou sua perna direita na altura da coxa. Socorrido por outros iatistas, perdeu muito sangue, chegou ao hospital em choque e teve duas paradas cardíacas.

Três meses depois, Lars já participava de uma regata na Baía de Guanabara, no Rio de Janeiro. Um dos criadores de um projeto de incentivo ao esporte como meio de reinserção social, ele ocupou cargos públicos (secretário nacional de Esportes, secretário estadual da Juventude, Esporte e Lazer de São Paulo) e continuou se dedicando ao iatismo. Em novembro de 2011, sagrou-se vice-campeão no torneio norte-americano da classe Star. "A vida é uma só e preciosa demais para perder tempo com lamentações", registrou no livro *A saga de um campeão*. "Estou vivo e quero dar minha contribuição à sociedade para retribuir a dádiva de poder continuar vivendo. Isso é o que realmente importa."[17]

Outra história inspiradora é a da jornalista e ex-modelo Flavia Cintra. Quando voltava de uma viagem à Serra da Bocaina com o namorado, viram na estrada uma moto tombada e um corpo caído. Ao desviar, ele perdeu o controle do carro, que capotou. Flavia ficou tetraplégica. Passou pela reabilitação na Associação Brasileira Beneficente de Reabilitação (ABBR), voltou ao trabalho e, contrariando todos os prognósticos, engravidou e teve gêmeos. Repórter da TV Globo e consultora em inclusão social, Flavia inspirou o autor Manoel Carlos a criar a personagem Luciana, da novela *Viver a vida*, em 2009, e a atriz Alinne Moraes interpretou a cadeirante.[18]

O centroavante paraguaio Salvador Cabañas também superou uma situação trágica. Em 2010, o jogador mexicano do América levou um tiro na cabeça enquanto estava no banheiro de um bar da capital do país. Ficou entre a vida e a morte e passou meses em tratamento. Vivia dizendo que voltaria a jogar futebol, embora os familiares e amigos não acreditassem. Em janeiro de 2012, quase dois anos depois, estava de volta aos gramados, vestindo a camisa do 12 de Outubro, do Paraguai, clube em que iniciou sua carreira.[19]

Thomaz Magalhães também reescreveu a própria história. Estava no auge da carreira em 1991, como sócio-diretor de uma das maiores empresas de construção e montagem do Brasil. Tinha 37 anos, era casado, com dois filhos. Era apaixonado por hipismo, esporte que foi parte de sua formação desde a infância.[20]

Uma queda durante um treino mudou sua vida: ficou paraplégico devido a graves lesões na medula. Thomaz não ficou se lamentando e, com muita paciência, disciplina e perseverança, conseguiu dar a volta por cima. Em 2005 e 2009, conquistou medalhas de bronze nos mundiais de esqui aquático. Sua história de superação é relatada no livro *Quebra de script — uma incrível história de reinvenção pessoal* (Agir, 2009).

Porém, a situação que mais me emociona é a do pianista e maestro João Carlos Martins. Não apenas pelas belas obras que toca ou rege, mas por ter transformado sua vida em uma bela sinfonia. Surpreendeu pelo exemplo de superação e resistência ao infortúnio.

Martins era um pianista que encantava plateias. Aos 20 anos, estreou no Carnegie Hall, em Nova York, patrocinado por ninguém menos que Eleanor Roosevelt, ex-primeira-dama norte-americana e representante dos Estados Unidos na ONU. Em setembro de 1982, o jornal *The New York Times* se referiu a ele como um dos maiores pianistas em atividade. Foi também reconhecido como o melhor intérprete atual de Bach.

A carreira do pianista teve de ser interrompida duas vezes. A primeira, em decorrência de um acidente durante uma partida de futebol. A segunda, após um assalto em Sofia, na Bulgária, que deixou sua mão paralisada. As lesões se agravaram tanto que foi preciso abandonar o piano. De forma irônica, mas sem se lamentar, ele confessou como esses fatos repercutiram em sua vida: "Costumava fazer 21 toques por segundo no piano, e depois dos acidentes passei a fazer um toque a cada 21 segundos."

Em 2004, João Carlos Martins se reinventou, dessa vez como maestro. Uma das maiores orquestras de câmara do mundo, a English Chamber Orchestra, já se apresentou sob sua batuta.

Em depoimento à psicóloga Cristina Jorge Dias, o maestro esbanja ensinamentos:

> Foi na regência que reinventei minha carreira. A regência não foi algo facilmente dado a mim; batalhei muito para conseguir e encontrei dupla satisfação: a

de ter conseguido manter meu relacionamento com a música e a de ter superado os problemas que me acometeram durante a vida.

Tornei-me maestro e, para superar as dificuldades de manusear a batuta e as partituras, faço um trabalho minucioso de memorizar nota por nota para reger uma orquestra, com o máximo de dedicação possível; faço de cada músico uma nota do meu piano. Tenho a meu favor a paixão por acordar muito cedo. Às cinco da manhã já estou tomando café e decorando as peças. Depois de memorizar, saio para correr e praticar os movimentos das mãos que serão feitos depois, sem a batuta, no palco.

Sou teimoso! Muitas pessoas dizem que a obstinação não é um defeito e, sim, uma virtude. Quando não estou ensaiando, dedilho composições no piano de cauda em meu apartamento, para não perder a mobilidade que me resta em alguns dedos, pois sempre aos finais dos concertos, com dois, três ou quatro dedos, faço questão de tocar piano e dividir a emoção com o público.

Eu sou um sonhador e realizador nato. Sigo empenhado no fortalecimento do meu papel como regente e das orquestras que ajudei a fundar em 2006: a Orquestra Bachiana Filarmônica (formada por músicos profissionais) e a Orquestra Bachiana Jovem (formada por jovens talentos), que colaboram nesse processo de divulgar a música erudita no Brasil. Juntos, estamos criando uma nova forma de fazer música clássica — sem limites, sem fronteiras

> culturais, viajando de norte a sul, democratizando essa arte essencial do desenvolvimento do ser humano. [...] Em 2009, foram mais de 150 espetáculos para cerca de 200 mil pessoas em todo o país.

Mais recentemente, o maestro, demonstrando toda a sua criatividade e sua força de vontade e sonhando em retornar à carreira de pianista, permitiu que fossem instalados eletrodos em sua cabeça e tem apresentado sinais de recuperação de vários movimentos perdidos há cerca de dez anos. O neuroestimulador instalado pelo médico Paulo Niemeyer parece estar funcionando a contento. Ele afirmou recentemente: "Nunca me conformei de não voltar a tocar. Hoje tenho dois ídolos — Bach e meu médico."

A trajetória de superação de João Carlos Martins, homenageado pela escola de samba Vai-Vai no Carnaval paulista de 2011, com o enredo "A música venceu", é cheia de lições: "Quando você sofre uma adversidade, ou faz dela uma plataforma para crescer ou cai no abismo."[21] Foi emocionante vê-lo tocando o Hino Nacional Brasileiro na abertura dos Jogos Olímpicos Rio 2016.

Perdi meu filho. Como suportar a dor? Lucinha Araújo, mãe do compositor e cantor Cazuza, e a atriz Cissa Guimarães são verdadeiras heroínas que tiveram de superar a morte de seus filhos.

Revoltada no início e desejando manter distância daquela "doença maldita", como ela e Cazuza se referiam à Aids, Lucinha recusou o convite do sociólogo Herbert de Souza, o Betinho, para trabalhar como voluntária na enfermaria do Hospital Universitário Gaffrée e Guinle, no Rio de Janeiro. Meses depois, ela criou a Sociedade Viva Cazuza para amparar crianças que herdaram o vírus HIV dos pais. "O que eu reneguei com tanta convicção num primeiro momento se tornou a minha salvação."[22] Mantida com os direitos autorais da obra do artista, a Viva Cazuza presta assistência a crianças e adolescentes carentes portadores do vírus da Aids e a pacientes adultos em tratamento na rede pública da cidade do Rio de Janeiro.

A atriz Cissa Guimarães também teve de encarar a dor da perda de um filho. O músico e estudante Rafael Mascarenhas foi atropelado enquanto andava de skate com os amigos num túnel fechado para obras, no Rio de Janeiro, em 2010. Duas semanas depois, muito emocionada, ela voltou aos palcos para apresentar a peça *Doidas e santas*. "Ele adorava essa peça", disse ao jornal *O Globo*. "É por ele e por mim também, pelos meus amigos [que estou voltando]. Eu vou voltar melhor. Quando a gente passa por uma experiência dessas é para mudar, para ficar mais humano."[23]

Meu querido amigo, o dançarino e coreógrafo carioca Carlinhos de Jesus, uma das poucas unanimidades nacionais em termos de competência e simpatia, tem lutado muito para superar a dor da perda do filho, Carlos Eduardo Mendes de Jesus. O Dudu foi assassinado a tiros, aos 32 anos, em frente a um bar em Realengo, subúrbio da zona Oeste do Rio de Janeiro. Dono de um sorriso autêntico e cativante, Carlinhos está determinado a trazer de volta a sua marca registrada, dizendo, com lágrimas nos olhos e a voz embargada: "O palhaço tem de sorrir, mesmo quando tem vontade de chorar."[24]

Se a morte de um ente querido já é motivo de intenso sofrimento, imagine o tamanho do abalo sofrido por quem perde a família inteira, como a jornalista Lina de Albuquerque:

> Um acidente arrastou toda a minha família para a névoa de uma tarde chuvosa do começo de 1996. No dia 2 de janeiro, um caminhão se chocou na estrada e atingiu meu pai, minha mãe, meu único irmão e um amigo da família. Morreram todos... Devo dizer que nunca cultivei amargura nem deixei de celebrar a vida.[25]

Lina seguiu em frente, trabalhando em revistas conceituadas como *Veja, IstoÉ, Cláudia* e *Marie Claire,* e em jornais de circulação nacional, como *O Estado de S. Paulo, Jornal do Brasil* e *Valor Econômico.* Ela também é a autora de *Recomeços,* livro com 26 depoimentos de pessoas que enfrentaram profundas mudanças em suas vidas.

As histórias contadas aqui neste bloco não têm a menor intenção de deprimir você, leitor, e sim de demonstrar como pessoas de carne e osso encontraram a saída para traumas aparentemente insuperáveis.

A Segunda Chance na realização financeira

A maioria da população luta para conseguir realizar alguns sonhos materiais: atender às necessidades básicas de alimentação, vestuário, abrigo, locomoção, proteção; adquirir casa própria, automóvel, celular, computador; a possibilidade de usar uma roupa de grife. E alcançar, também, conquistas imateriais, como um pouco de lazer e uma educação melhor para seus filhos.

Mas poucos sabem organizar e gerenciar sua vida financeira. Compram errado, gastam mais do que deveriam, nem sempre utilizam o crédito em condições adequadas. Vivem relacionamentos com pessoas que exploram suas economias. Correm riscos evitáveis. Deixam-se enganar por espertalhões. Investem de forma pouco rentável ou em projetos errados.

"Peguei toda a minha poupança acumulada ao longo de 15 anos e investi num boliche, sugestão de um vizinho. Perdi tudo, dá para recuperar?", perguntou-me aflito, com lágrimas nos olhos, um participante de um evento promovido pelo Sebrae. Sim, sempre é possível reconstruir um patrimônio, desde que medidas saneadoras sejam tomadas com determinação e coragem. Curiosidade: depois fiquei sabendo que não se tratava de um vizinho, mas de um parente que desejava "um lugarzinho" no negócio do boliche.

Lembro-me de uma frase atribuída popularmente ao marquês de Pombal (1699-1782), logo após o terrível terremoto que, em 1795, destruiu a cidade de Lisboa, a nostálgica capital portuguesa. Quando os oficiais, apavorados, perguntaram o que deveriam fazer, ele foi taxativo: "Enterrem os mortos, cuidem dos vivos e garantam que isso nunca mais se repita."[26]

As palavras que Pombal talvez nunca tenha pronunciado são muito úteis para ajudar quem enfrenta uma crise nas finanças pessoais. A tradução seria: contabilize o prejuízo, zere a dívida — se preciso for —, venda ativos — carros, terrenos, cotas de clubes, móveis, equipamentos usados —, renegocie a dívida com os credores, alongando-a no tempo, estanque o problema, feche o caixa, assuma o controle de desembolsos com mão de ferro, livre-se dos gastadores e oportunistas ao seu redor, desautorize quem possa contrair dívidas em seu nome, consuma apenas o essencial, elimine todo o supérfluo.

Pense, também, em alternativas de receita que possam melhorar seu caixa no emprego atual ou em atividades paralelas que sejam éticas. Recorra a alguém que possa ser seu mentor financeiro e dar orientações específicas sobre a sua situação. E passe a controlar diariamente o seu caixa daqui em diante. Aprenda uma regra de ouro no mundo financeiro: só invista em um negócio o valor que, se você perder, não porá em risco os outros bens que você possui.

A Segunda Chance nas escolhas éticas

É muito tênue a linha que separa uma conduta ética de uma atitude condenável. Na pressa para tomar decisões, baseados em informações incompletas ou errôneas, ou pressionados pelas circunstâncias, não refletimos o suficiente e podemos ser levados a atitudes das quais nos arrependeremos mais tarde. Em alguns casos, dá para voltar atrás e corrigir; em outros, não. Às vezes temos de conviver com a culpa e acabamos por nos afundar num círculo vicioso que nos impede de progredir na vida.

"Quando eu era garoto, passei muita necessidade. Ninguém sabe, mas, por duas ou três vezes, cheguei a pegar coisas escondido em um supermercado do bairro", relatou emocionado um executivo para um grupo de trinta colegas da empresa em um evento sobre equipes de alta performance que eu estava conduzindo. Sentiu-se aliviado após revelar seu segredo. Alguns o abraçaram, demonstrando compaixão. Pensei em sugerir a ele que "devolvesse" aquela mercadoria retirada indevidamente sob a forma de doações para pessoas que estejam passando necessidade nas ruas.

Mas os deslizes éticos nem sempre são tão evidentes. Ou conscientes. Andrea, a jovem assistente de Miranda Priestly, personagem interpretada por Meryl Streep no filme *O diabo veste Prada*, percebe, numa cena marcante, que havia cometido um deslize sem se dar conta. Miranda diz a Andrea que se vê muito nela. A moça nega, argumenta que é muito diferente e jamais faria o que ela fez a um colega da empresa. Para surpresa da jovem, Miranda retruca: "Você já fez!" Andrea se defende: "Mas eu não tinha escolha!"

Será que ela não tinha escolha mesmo? Será que nós não temos escolha quando estamos cumprindo ordens? Somos, de fato, forçados a agir assim ou assado, ou poderíamos ter agido de outra forma, sem ferir nossos valores mais íntimos?

Sempre temos escolha. Nada ou ninguém pode obrigar uma pessoa a fazer algo contra seus princípios. É questão de coragem, determinação e de analisar as consequências das nossas atitudes. Sempre é possível fazer de forma diferente, desde que se esteja disposto a pagar o preço da coerência com os princípios em que se acredita.

Há mais de duzentos anos, o grande filósofo alemão Immanuel Kant já nos brindava, no seu *A metafísica dos costumes,* com uma bela contribuição para os dilemas éticos atuais. Ele dizia mais ou menos assim: "Tudo que você não puder contar como fez, não faça." Traduzo esse pensamento para os dias atuais ousando sugerir que os resultados que você não puder contar como obteve, melhor não os obter!

O fato é que deslizes éticos são mais comuns do que supomos: mentiras de conveniência, manipulações de informações, pequenas escapadas e traições a parceiros, cônjuges e sócios. Tendemos a focar em casos notórios e de grande repercussão na mídia, e deixamos de olhar para os pequenos pecados do nosso dia a dia.

Muita gente acaba sendo complacente com a falta de ética por acreditar em falsas escolhas, como entre ter sucesso e ser honesto. A escolha e a educação éticas se tornam fundamentais no momento em que o país assiste, estarrecido, ao desfile diário de casos de corrupção em várias esferas governamentais e em inúmeras empresas públicas e privadas. Atravessamos um período imersos em uma grave crise de valores!

Pisei na bola: posso me redimir? O ex-jogador de futebol Leonardo Nascimento de Araújo — que passou 14 anos no Milan, na Itália, como jogador, técnico e diretor do clube, e logo em seguida se reinventou como cartola internacional e se transformou em dirigente do Inter de Milão e depois do Paris Saint-Germain, na França — enfrentou um verdadeiro calvário. Campeão mundial na Copa de 1994 nos Estados Unidos, lateral esquerdo da seleção brasileira, num jogo duríssimo, deu uma cotovelada no rosto de Tab Ramos, jogador do país anfitrião. Expulso da partida, Leonardo não pôde participar da final contra a Itália, que deu o título de tetracampeão ao Brasil. Mas conseguiu superar o incidente e se deu a Segunda Chance, redimindo-se perante a opinião pública brasileira: em 2002, em parceria com o ex-jogador Raí, criou a Fundação Gol de Letra, uma ONG para atender a menores carentes de São Paulo.

A Segunda Chance na vida social e na cidadania

Muitas pessoas, na ânsia do sucesso profissional, se isolam no trabalho e deixam de desenvolver laços com amigos e cultivar relações afetivas com pessoas fora do seu ambiente de trabalho. Esquecem seus deveres como cidadãos e ignoram oportunidades de contribuir com algum trabalho comunitário ou de responsabilidade social ou ambiental.

À pergunta "nunca fiz nada pela minha comunidade, ainda dá tempo?", a resposta óbvia é sim, está na hora.

Dê o primeiro passo ainda hoje: procure um projeto em sua comunidade com o qual possa se comprometer. Oportunidade é o que não falta: adote a praça em frente ao seu prédio, apoie uma escola para crianças carentes, contribua com as iniciativas da associação dos moradores do seu bairro e assim por diante. Se procurar, você vai achar! Com relação à vida social, dê outro passo: ligue para três pessoas amigas que você não visita ou não vê há algum tempo e convide-as para um café.

A Segunda Chance na vida espiritual

Vida espiritual não é sinônimo de religião. Cultivar a religiosidade não significa virar adepto ou seguidor de uma prática religiosa específica, mas procurar desenvolver essa dimensão do ser humano, buscando valores como compaixão, fraternidade universal, honestidade.

A Segunda Chance para as empresas

Empresas também escolhem caminhos em busca de sua Segunda Chance. Há várias histórias de *turnarounds* eficazes. Quase destruída, a Embraer se transformou na terceira maior empresa de aviação comercial do mundo a partir da sua privatização, em 1995. Tornou-se a maior exportadora de valor agregado e alta tecnologia brasileira. O fato de o Brasil ter deixado de ser um "país de baixo custo" devido à enorme carga tributária, trabalhista, financeira e logística, dentre outras, tem colocado em xeque o modelo de negócios de inúmeras empresas.

Várias delas têm enfrentado queda nas receitas e perda de valor de mercado, sendo obrigadas a fazer ajustes em suas estruturas de custos diretos e indiretos, além de renegociar dívidas, vender ativos, desfazer-se de linhas de produção e formatar uma nova equação societária. Têm feito o esforço de se reaproximar de clientes, investido em um novo modelo de gestão, em novos líderes mais inspiradores. São empresas que sentiram na pele a necessidade de se reinventar, de renascer!

Duas gigantes do ramo da fotografia exemplificam como o estilo de liderança de uma empresa pode levá-la ou não à Segunda Chance. Kodak e Fuji tiveram seus negócios de filmes fotográficos devastados pelo advento da foto digital. Por que uma sobrevive bem e a outra frequentou a UTI, à beira da morte?

A Fuji entendeu que o produto "filmes fotográficos" acabaria e rapidamente ajustou seu modelo de atuação. Percebeu que seu negócio, seu conhecimento científico e suas patentes estavam baseados em uma competência essencial: substâncias químicas. E se reinventou. Criou uma linha de cosméticos baseada em insumos, como o colágeno, usado tanto na indústria de papel e de fotografias quanto na de cosméticos.

A Kodak tentou algo parecido. Buscou a porta de saída da crise na indústria farmacêutica, mas faltou velocidade para deslanchar. A empresa só lança algo no mercado depois que inúmeros testes lhe assegurem ter o melhor produto possível.

"A diferença fundamental entre a Kodak e a Fuji foi o estilo de liderança", afirma o conceituado consultor Clemente Nóbrega, ao explicar por que uma deu uma reviravolta e a outra ficou presa ao paradigma cultural de gestão e sucumbiu às forças do mercado.[27]

Esses últimos exemplos se referem a mudanças reativas, promovidas depois de se deparar com adversidades. Viradas, tanto na vida de pessoas quanto na trajetória de empresas, podem ser proativas e acontecer em fase de crescimento ou quando não há um fato novo no horizonte à vista e tudo parece correr bem. Essas são as mais interessantes e construtivas. Insisto que o líder a ser valorizado não é apenas o herói que consegue salvar, de forma notável, a empresa em dificuldades, mas também aquele que leva sua empresa a se reinventar sempre de forma proativa, sem necessidades de reviravoltas salvadoras.

Este capítulo apresentou situações e oportunidades de buscar um novo começo para nós e para as empresas às quais estamos vinculados.

Mas há outra pergunta importante a ser feita: "Devo dar uma Segunda Chance aos outros?"

A seguir, você vai começar a refletir sobre essa delicada questão, que envolve a capacidade de perdoar a si mesmo e aos outros.

Passo #1: Liste três áreas nas quais você acha que deve se dar uma Segunda Chance:

1. ....
2. ....
3. ....

Passo #2: Agora, entre as três alternativas listadas acima, escolha uma área prioritária para focar seus esforços nas próximas semanas, completando a frase abaixo.

Minha prioridade é: ....

....

Passo #3: Complete as frases abaixo.

Meu maior medo é: ....

....

....

Se não tivesse medo disso, o que eu faria? ....

....

....

3. Devo dar a Segunda Chance aos outros?

"Você me dá uma segunda chance?", suplicou a um amigo meu o seu primo, gerente de um sofisticado restaurante e também sócio no empreendimento. O pedido ocorreu após a descoberta de que fora enganado por esse primo-sócio na gestão do negócio.

Dez anos antes, esse amigo tivera o sonho de construir e gerenciar um restaurante especializado em frutos do mar, bem em frente à praia, em um famoso balneário. Trabalhou arduamente para transformar o sonho em realidade. Num salão amplo e agradável, de decoração simples, porém elegante, os clientes podiam apreciar a vista belíssima, o "doce balanço do mar" e até escutar o vaivém das ondas enquanto degustavam os saborosos pratos criados pelo *chef* cearense com formação na Cordon Bleu, na França. Serviço de primeira, garçons treinados pelo próprio dono. Até os manobristas haviam sido capacitados na arte do bom atendimento.

Toda a poupança desse amigo, reunida em mais de vinte anos de trabalho, foi destinada a esse sonho, visando desenvolver uma alternativa para sua aposentadoria. Porém, aos 45 anos, era jovem demais para sair de cena. A empresa onde ele construía sua carreira de executivo bem-sucedido exigiu uma temporada no exterior. Foi quando começou a ter problemas com a gestão do dia a dia do restaurante.

Como era necessário fazer uma ligeira reforma no piso, aproveitou a baixa estação e pediu ao primo que supervisionasse as obras. Agrônomo desempregado havia quase um ano, esse primo vivia pedindo auxílio para pagar as contas da casa e a escola dos três filhos. Tentava, assim, resolver dois problemas com uma só tacada.

O arranjo pareceu melhor que o esperado: obra entregue 15 dias antes do previsto, custos 20% abaixo do estimado, tudo bem controlado; o primo se esmerou na prestação de contas, tim-tim por tim-tim. Daí a convidá-lo para ser o gerente foi um passo.

A título de estímulo, esse amigo prometeu dar ao primo uma participação no negócio. E, num misto de boa-fé e ingenuidade, transferiu parte significativa das cotas para o nome dele. Além disso, acertaram uma retirada fixa mensal que permitisse ao primo arcar com as despesas próprias. Confiante na gestão e nos bons resultados expressos em relatórios que ele olhava superficialmente — afinal, seu parente de confiança estava à frente de tudo —, meu amigo passou a ir menos ao balneário. Dedicou-se ao seu emprego de diretor na empresa em que trabalhava.

A grande surpresa aconteceu dois anos depois. Por acaso, ele descobriu que havia uma conta bancária em nome do primo da qual não tinha conhecimento e que os saldos financeiros exibidos nos relatórios que ele enviava de vez em quando não tinham lastro real. Foi pedir explicações. O primo respondeu que era dono de parte do negócio e não tinha que dar satisfações a ninguém.

Meu amigo resolveu, então, afastar o primo do negócio. Precisou contratar uma assessoria jurídica para se defender, pois o esperto já estava representado por um advogado que o acusava de abandono do negócio e de danos morais causados pela auditoria que iniciara.

Ficou claro, então, que aquele pedido por outra chance e o aparente arrependimento não passavam de artimanha do primo ao perceber que a coisa estava fugindo do controle.

A alternativa que restou foi a de recomprar as cotas doadas ao seu sócio. Ou seja, teve de pagar — e caro — para ter de volta aquilo que concedera generosamente ao primo quando este estava desempregado e pedindo ajuda de custo mensal.

O que você faria, leitor, se estivesse no lugar desse amigo? Daria a Segunda Chance a quem o havia enganado?

Dar ou não dar a Segunda Chance a quem o prejudicou, eis um dilema existencial que muitas vezes nos corrói por dentro. Devemos dar a Segunda Chance...

...ao marido, à esposa, ao (à) namorado(a) que nos traiu?
...ao pai que nos magoou? Ao filho que nos decepcionou?
...a um subordinado que pisou na bola? Ao superior que cometeu injustiça?

...ao aluno flagrado colando na prova?
...ao jogador que falhou num momento decisivo da partida?
...ao condenado que cumpriu pena e reconquistou a liberdade?
...a um criminoso que covardemente assassinou seu filho em um assalto?

Obviamente, não existe resposta pronta e universal. O correto é "depende".

Há casos em que vale a pena aprender a perdoar, mesmo quem o lesou intencionalmente, pois, ao se libertar do sentimento de raiva e superar as mágoas e o desejo de vingança, você está na realidade dando uma Segunda Chance a si mesmo. Você vence o passado e pode seguir em frente com sua vida.

Nesse sentido, perdoar intimamente pode ser um gesto de libertação, como demonstrou Carlinhos de Jesus na entrevista concedida a Clara Passi após o brutal assassinato de seu filho Dudu. "Ele diz que gostaria de se encontrar com o assassino — que nem ele nem a polícia sabem ainda quem é. E que gostaria de perdoá-lo", escreveu a jornalista. "Não desejo a morte para ele. Ele tem um pai e uma mãe, e ser humano algum merece sentir essa dor", afirmou o coreógrafo.[1]

Se levarmos em conta a importância de aprender com os erros, perdoar também pode ser uma forma de educar quem errou e ajudá-lo a não repetir o mesmo equívoco. Assim, quando um pai, um professor ou um chefe dá uma

Segunda Chance ao filho, ao aluno ou ao subordinado, mais importante até do que a chance em si é comprometer o "beneficiário" a aprender com o erro. Trata-se, pois, de uma Segunda Chance qualificada: ela transcende a nova oportunidade e pode trazer ensinamentos para o futuro.

A regra de ouro deve ser a de perdoar apenas quem faz por merecer. E jamais perdoar quem não merece. Não o inverso. Mas como avaliar quem merece ou não nosso perdão?

É importante você identificar o sentimento mobilizado: raiva, culpa, inveja, generosidade.

Não é sadio dar a Segunda Chance movido pela raiva.

O ex-presidente norte-americano Richard Nixon, que sofreu um processo de *impeachment* em 1974 e foi afastado do governo, em um dos raros momentos iluminados de seu discurso de despedida, deu o seguinte conselho, tardio demais para ele mesmo seguir: "Prestem bem atenção: outros podem odiá-lo. Mas os que o odeiam não vencerão. A menos que você os odeie. Aí você se destrói."

Tampouco é salutar dar a Segunda Chance motivado pelo sentimento de culpa pelas consequências negativas que a sua decisão pode trazer.

O bom senso indica que devemos dar a Segunda Chance a quem pisou na bola de forma inadvertida e não intencional. E também a quem se arrependeu de verdade por algo que fez e deseja reparar o prejuízo emocional ou material causado.

A apresentadora de televisão e ex-modelo Xuxa Meneghel surpreendeu o público ao revelar em entrevista no programa *Fantástico*, da TV Globo, ter sido molestada na infância. Durante seu emocionado depoimento, ela foi taxativa: "Eu fui abusada. Eu sei o que a criança sente [...]. A gente sente vergonha, acha que é culpada." Sente medo, até porque revelou que pessoas próximas à sua família — um namorado da avó, um amigo do pai e um professor — foram autoras dos abusos que só pararam quando ela já tinha 13 anos. Mas Xuxa contou com sua mãe, dona Alda, cujo amor a ajudou a superar a terrível violência sofrida. No seu perfil no Twitter, dias após a entrevista, ela aconselhou que as crianças vítimas de abuso não se sintam culpadas e contem a seus pais o que estiverem sofrendo.[2]

Um caso sugestivo aparece no clássico *Os miseráveis*, do escritor francês Victor Hugo. Jean Valjean, condenado a 19 anos de prisão por roubar pão para alimentar a irmã e os sobrinhos e por sucessivas tentativas de fuga, é libertado. Marginalizado pela sociedade, é acolhido pelo bispo Myriel de Digne, que lhe oferece alimento e repouso. À noite, enquanto todos dormiam, Valjean foge com um faqueiro de prata. Mas é pego por policiais, que o levam de volta à casa do bispo. Para sua surpresa, o religioso não o acusa. Diz que foi um presente e ainda lhe entrega dois castiçais de prata. Esse episódio muda a vida de Valjean. Ele vai para uma cidade distante, monta uma fábrica próspera e se torna uma pessoa honesta e justa.

Mas nem precisamos ir tão longe, à França do século XIX. Paulo era um rapaz acostumado a passar temporadas na Febem. Esteve na unidade de recuperação de jovens em Fortaleza, Salvador, Aracaju, Rio de Janeiro, sempre pelo mesmo motivo: era um incorrigível batedor de carteiras. Até que chegou a São Paulo e, num trem de metrô, tentou repetir o gesto com um senhor desprevenido. Porém, quis o acaso que ele fosse flagrado por outro passageiro e mais uma vez preso. No dia seguinte, cumpria sua sina na Febem da capital paulista quando a vítima foi até lá pedir a sua liberação, responsabilizando-se por reeducar o rapaz. Levou-o para casa, pagou escola e o ensinou a dirigir. Paulo tirou carteira de motorista e tornou-se um conhecido taxista em São Paulo.[3]

Você perdoaria Jean Valjean? E o adolescente que "batia carteiras" para sobreviver, mereceria a Segunda Chance?

Algumas situações para você, leitor, avaliar e decidir se deve ou não dar uma Segunda Chance:

- Na escola, você foi prejudicado por um professor bastante rigoroso que o reprovou. Anos depois, você está brilhando profissionalmente e reencontra seu antigo professor, que se desculpa e pede que você o liberte da culpa que sente por tê-lo reprovado;
- Você foi abandonada pelo namorado, que estava saindo com outra moça. Algum tempo depois ele reaparece, diz que cometeu um erro e pede para reatar o namoro;
- Seu filho o confrontou na frente de outras pessoas numa festa. Ele estava numa fase difícil, sob pressão na escola;
- Uma pessoa de sua equipe pegou uma ideia de um colega e a apresentou como se fosse de

autoria própria, mas se arrependeu. Pede para continuar no emprego;

- Seu chefe o repreendeu duramente na frente dos colegas, mas depois se desculpou.

Ao responder, cuidado para não ser movido por sentimentos de culpa inadequados ou se deixar levar por psicopatas, manipuladores, coitadinhos e preguiçosos.

Será que você, leitor, perdoaria o pai ou a mãe que o tivesse abandonado na infância? Esse é o tema do filme *Gonzaga — de pai para filho*, dirigido por Breno Silveira. Foi inspirado num depoimento gravado pelo cantor e compositor Gonzaguinha sobre o seu relacionamento com o pai, o também cantor Luiz Gonzaga, o famoso Rei do Baião.

Gonzaguinha foi abandonado pela família e criado no morro pela esposa de um amigo do pai. Segundo uma reportagem publicada no jornal *Folha de S.Paulo*,[4] Gonzagão era um tipo complicado, que tinha dificuldades de relacionamento com esposas e filhos.

Independentemente disso, o filho abandonado perdoou o pai, e os dois ícones da MPB fizeram as pazes. "Não importa se meu sangue corre nas suas veias ou não", Gonzagão aparece dizendo na cena final do filme. "Sou seu pai, e a gente tem de se entender como pai e filho."[5]

Algumas situações são ainda mais dramáticas. Avalie e decida, leitor, se deve ou não dar a Segunda Chance:

- Ao ex-funcionário que sequestrou e matou o filho do patrão?

- Ao motorista embriagado que atropelou e deixou uma senhora de 75 anos em uma cadeira de rodas?
- Ao adolescente que, incentivado pelos pais, saiu por aí com um jet ski sem ter habilitação, e causou um acidente que amputou o braço de uma pessoa na praia?
- Ao familiar ou amigo da família que abusa sexualmente de uma filha ou filho menor?

Agora vamos inverter a situação. Quem prejudicou alguém foi você. É preciso decidir se você deve dar a essa pessoa uma nova chance e a você mesmo a oportunidade de se redimir.

Antes de responder, perceba que, em determinadas circunstâncias, não assumir o erro pode ser mais nefasto (e produzir mais estragos) do que o erro em si.

Lembro-me de um colega de trabalho que demitiu um membro de sua equipe porque este não entregou a tempo a documentação necessária para a formalização de uma proposta em uma concorrência para conquistar um importante contrato.

Quando o líder do projeto viu que a proposta técnica ficara pronta, mas os alvarás e atestados necessários não estavam disponíveis, quase enlouqueceu. Iniciou uma verdadeira caça às bruxas e obviamente sobrou para o mais fraco, uma jovem estagiária, promissora, disciplinada, mas que foi logo taxada de "lenta, molenga, pouco comprometida, filhinha de papai, que nunca precisou trabalhar e por isso não se empenhara como devia para obter a documentação".

A moça tentou argumentar, o responsável pelo RH interveio, várias pessoas quiseram comprovar que ela havia se esforçado, mas o prazo era curto e havia tido um feriadão na semana anterior que atrasou tudo nas repartições públicas. Cego de raiva pela oportunidade perdida, o líder não quis saber de argumentos. Mandou demitir a moça, que saiu chamuscada da empresa. Em duas oportunidades, atendeu ligações de novos empregadores em busca de informações sobre a moça e deu a resposta-padrão: "Boazinha, esforçada, mas lenta!"

Na reunião de final de ano, em um dos treinamentos sobre gestão do tempo, o coordenador do curso resolveu fazer uma representação de situações difíceis vividas naquele ano. Ao final do exercício, quando ele de novo "demitiu" um jovem rapaz que encenava com ele a situação, um dos membros questionou por que ele não havia planejado antes a participação na concorrência e deixara para a última hora a decisão e a solicitação da documentação, sabendo que haveria um feriadão na semana seguinte. Outro perguntou por que ele pedira a documentação a uma novata e não a alguém mais experiente ou ao departamento jurídico da empresa, uma vez que aquele contrato parecia tão importante. E o coordenador do curso arrematou: "Se a moça errou, você já a puniu. E se você também errou, que punição você mereceria?"

Ele inicialmente desabou, submergiu, mas logo depois irrompeu com uma proposta que comoveu a todos:

"Minha maior punição é admitir que errei. Vou chamar a moça de volta para trabalhar conosco!"

Aplaudido por todos, convidou a moça, que voltou a integrar a equipe. Ele então passou a gerenciar melhor seu tempo e suas demandas, distribuindo melhor os serviços com os membros de sua equipe. Um final feliz para uma história malconduzida. Não assumir o erro poderia produzir mais estragos na carreira do líder do projeto do que o erro em si.

Vale a pena fazer uma breve reflexão sobre a natureza do erro humano. Temos enorme prazer em achar que estamos sempre certos, e a possibilidade de errar ou de ter cometido erros nos perturba bastante, como registra a jornalista Kathryn Schulz no livro *Por que erramos*.[6] Infelizmente, porém, errar não é tão anormal assim. Todos nós erramos numa frequência muito maior do que gostaríamos de admitir. Talvez essa seja a razão pela qual demoramos a aceitar nossos erros, somos implacáveis com os erros dos outros e muitas vezes disfarçamos ou escondemos os nossos até de nós mesmos.

O mais complexo, segundo a autora, não é quando erramos sobre fatos — o nome de alguém, uma data, o resultado de um jogo de futebol —, mas quando erramos sobre uma convicção pessoal, uma crença. Daí a importância de reconhecermos a origem de alguns tipos de erros.

Podemos, em um lado extremo de um *continuum*, errar por distração, por falta de informação, por sermos induzidos ao erro, por manipulação de terceiros. Mas, no outro extremo, podemos errar por acreditarmos em algo que depois se provou não ser verdadeiro.

Talvez não haja a intenção inicial de prejudicar alguém. Mas, em outro momento, pessoas às vezes são prejudicadas mesmo sem desejarmos. Alguns erros que cometemos inadvertidamente podem levar a consequências não intencionais para os outros. Qualquer que seja a origem do erro, somos responsáveis pelo impacto que ele causa nos demais.

A questão essencial passa a ser, então: o que fazer quando nosso erro prejudica outra pessoa?

A percepção do erro pode ser traumática e baixar nossa autoestima ou nos tornar mais leves e autoconfiantes. Em outras palavras, podemos assumir a leveza da descoberta ou nos mortificar com ela, carregando a culpa pelo resto de nossas vidas.

No que se refere ao efeito sobre o outro, existe sempre a possibilidade de corrigir erros e injustiças e escrever um final diferente para uma história mal resolvida.

A consagrada escritora e colunista Lya Luft faz uma provocante especulação sobre como seria bom fazer uma errata para analisar erros que cometemos na vida:

> Uma errata para as muitas decisões atrapalhadas, tantas indecisões desnecessárias, tantas lágrimas por tolices e tanta mágoa por infantilidade. Errata para os erros e também para o que não foi erro, mas desatenção, inabilidade, incompetência mesmo. Mas como a vida não é uma dissertação

de mestrado, nem tese de doutorado... já que ela é uma batalha que nem sempre se vence, não adianta querer escrever errata alguma. *É preciso contar com o perdão dos outros e a anistia da gente mesma.*[7]

Corrigindo erros e injustiças

Vejamos algumas situações em que você pode ter cometido um erro e de alguma forma prejudicado alguém, e nas quais seria salutar resgatar o acontecido e transformá-lo numa oportunidade de uma nova chance, não apenas para a outra pessoa dar a volta por cima de uma injustiça, mas também para você se redimir:

- Você é professor, e um aluno foi reprovado porque você foi rigoroso demais. Você agora deve manter a moral perante os outros ou ser flexível e ajudar o estudante?
- Você é o chefe e humilhou um funcionário na frente dos outros. Ele se demitiu. Agora você percebeu que a atitude foi errada. Deve trazê-lo de volta? Como ficará perante sua equipe?
- Você é pai e foi injusto com seu filho, cortou a mesada e o direito dele de usar seu carro. O garoto se revoltou, foi para a casa dos avós, bateu o carro deles. O que você deve fazer?
- E, num caso extremo: uma pessoa morreu em um acidente de carro que você dirigia, sem intenção de fazê-lo. Você merece a Segunda Chance?

Repito: existe sempre a possibilidade de corrigir erros e injustiças. Não abra mão de reconhecer o seu erro, perdoar-se e dar uma chance a pessoas que você tenha prejudicado, mesmo que involuntariamente. Se elas merecerem, é claro!

Quando não vale a pena

Há casos em que dar a Segunda Chance ao outro talvez não seja o mais correto. Você pode estar estimulando comportamentos disfuncionais e até mesmo doentios. E, assim, incentivar a atuação de um mau-caráter ou até mesmo de um psicopata, às vezes disfarçado de vítima.

Aliás, é melhor manter distância desses tipos de "personalidades":

- **Psicopatas.** Algumas pistas denunciam características de psicopatia desde a infância até a vida adulta, conforme explica a médica Ana Beatriz B. Silva no livro *Mentes perigosas: o psicopata mora ao lado*: mentiras frequentes, crueldade com colegas, irmãos e animais, condutas desafiadoras às figuras de autoridade (pais e professores), impulsividade e irresponsabilidade, baixíssima tolerância à frustração (com acessos de fúria quando contrariado), tendência a culpar os outros pelos próprios erros, insensibilidade ou frieza emocional, entre outros.[8]

- **Manipuladores.** Um marido que vive encostado, um parente oportunista, um colega de trabalho aproveitador.
- **Vítimas "profissionais".** São os que adoram se fazer de coitadinhos, de sofredores. Não tomam a iniciativa, não cumprem prazos, não produzem resultados. Vivem se queixando e buscando se beneficiar da generosidade dos outros.
- **Enganadores.** "Foi só uma noitada de sexo", diz o maridão. "Amor mesmo eu sinto é por você!" E o sujeito segue aprontando...

Tenha cuidado! A generosidade descabida pode levar a um comportamento inadequado e até mesmo irresponsável. Há risco de "dar asas à cobra" e esta vir a preparar novos botes no futuro, se não para você, para outras pessoas.

Mas o perigo não vem apenas dos "inimigos" externos, contra os quais precisamos nos precaver. É preciso atenção também para não se deixar abater pelos adversários dentro de nós mesmos, os nossos "dragões internos", tema do próximo capítulo.

1. **Lembre-se de uma situação em que você foi prejudicado por alguém.**

- Decida se você vai dar a Segunda Chance a essa pessoa.
- Se sim, liste três atitudes que tomará imediatamente.

....

....

....

2. **Lembre-se de uma situação em que você prejudicou alguém.**

- Decida se você merece uma Segunda Chance por parte dessa pessoa.
- Se sim, liste três atitudes que tomará imediatamente.

....

....

....

3. **Identifique pelo menos um erro que você tenha cometido nos últimos meses.**

Você consegue imaginar uma forma de reparar esse erro?

4. Liberte-se de seus "dragões internos"

São Jorge, o santo popular nascido na Turquia como "Jorge da Capadócia", enfrentou e venceu o dragão da maldade. Da mesma forma, cada um de nós precisa derrotar os "dragões internos" que nos consomem e muitas vezes nos impedem de sermos mestres de nossas vidas. Precisamos superar esses obstáculos ocultos na tentativa de criar as nossas Segundas Chances.

Vencer esses "inimigos" pode exigir a superação de preconceitos, o desenvolvimento maior da inteligência emocional, o confronto com aqueles pontos cegos que podem nos levar à autossabotagem, a busca de maior equilíbrio nas diferentes dimensões de nossa vida.

Temos uma tendência quase instintiva de buscar nos outros (ou em circunstâncias externas) a causa de nossos problemas, a explicação para nossa incapacidade de realizar os sonhos, de cumprir as metas ou de dar uma guinada na vida.

São os famosos "bodes expiatórios", os álibis, as desculpas que formulamos para nos acalmar. É mais fácil atribuir a culpa ao governo, à taxa de juros, à empresa na qual trabalhamos ("lá não consigo realizar meu potencial"), ao chefe ("insuportável, além de limitado e centralizador"), ao concorrente ("está conquistando uma fatia do mercado por meio de práticas sujas"), à tecnologia ("muda toda hora, nos pegando de surpresa"), à legislação ("antiquada e contraproducente"), à mulher ("não me deixa fazer o que gosto"), ao ex-marido ("sou infeliz, não consigo fazer mais nada na vida desde que nos separamos"). Às vezes, responsabilizamos a natureza ("choveu e destruiu tudo" ou "não chove e fica tudo seco") ou até mesmo Deus ("Ele quis assim, só me resta cumprir os Seus desígnios").

O principal empecilho para virar o jogo da vida a nosso favor reside, na realidade, dentro de cada um de nós: nosso modelo mental, valores, crenças, dogmas, atitudes e posturas. Acreditamos tanto em algumas verdades que acabamos prisioneiros delas. "Em time que está ganhando não se mexe!", por exemplo. "Manda quem pode, obedece quem tem juízo!" é outro exemplo, entre vários: "Sou pago para fazer e não para pensar", "Devagar e sempre a gente chega lá", "Dessa vida nada se leva!", "Há 15 anos faço assim, por que mudar agora?". Essas pérolas populares ilustram bem a atitude de passividade, acomodação e determinismo que norteiam o comportamento de muita gente.

Também é comum ficar acorrentado ao passado, dirigindo a vida pelo espelho retrovisor. Precisamos aprender que *história não é destino* e a assumir as rédeas do nosso futuro. Só assim poderemos lutar pelas guinadas que precisamos promover para realizar nossos sonhos. Afinal, o importante não é de onde você veio nem onde está. O importante é aonde você quer chegar!

Mas para "chegar lá", aonde queremos e sonhamos, precisamos vencer nossos "dragões internos".

Vamos, então, olhar mais de perto alguns desses nossos inimigos nem sempre visíveis.

Cuidado com a autossabotagem

A autossabotagem é um processo inconsciente que dificulta a mudança, porque a pessoa tende a repetir comportamentos em ciclos que a prejudicam, sem perceber que isso acontece.

Os pensamentos relacionados a seguir oferecem indícios de autossabotagem:

- "Primeiro você. Não se preocupe comigo, eu prefiro ficar por último."
- "Eu não mereço mais do que isso."
- "Não tenho que dar satisfação a ninguém."
- "É muita areia para o meu caminhão."
- "Eu não perdoo nunca, nem a mim mesmo."

- "Eu sempre me dou mal, já estou acostumado. Nunca chegarei a lugar nenhum."
- "Segunda-feira eu começo." / "Amanhã a gente vê isso."

Certas atitudes também podem sinalizar a autossabotagem, como a dispersão, a falta de foco, o autoengano e a procrastinação. Vou me deter nesse último inimigo devido ao impacto negativo que exerce sobre a gestão do tempo.

Procrastinar é adiar, deixar sempre para depois, em geral para a última hora, quando não tem mais jeito. O equivalente popular seria "empurrar com a barriga". Pode ocorrer no trabalho, ao deixar os relatórios para terminar em cima da hora. Também em casa, na escola, na família, no lazer, no guarda-roupa desorganizado, na limpeza da casa. Pode ser ao protelar exames e cuidados com a saúde. Ao evitar uma conversa importante com o cônjuge, os filhos e os parentes. Ao estudar só na véspera da prova. Quem se comporta assim está procrastinando.

Como reconhecer e quebrar a repetição desses comportamentos autodestrutivos? "É preciso descobrir a origem dos conflitos inconscientes, entender as razões subjacentes àquele comportamento, tornar consciente o que não está tão claro e auxiliar o indivíduo a perceber a si mesmo e o mundo à sua volta de maneira diferente", explicam o psicólogo Stanley Rosner e a escritora Patricia Hermes no livro *O ciclo da autossabotagem*.[1] Ambos enfatizam que não se trata de um exercício intelectual, pois se o reconhecimento não for internalizado, sentido e elaborado, nada vai mudar.

No que se refere ao uso inadequado do tempo, a solução para matar esse dragão é questionar suas desculpas, tirar da frente as distrações, tentar manter o foco, descomplicar a vida e dar-se prêmios por tarefas cumpridas. Precisa ir ao dentista, mas adia sempre? Na próxima vez que conseguir ir, na saída dê a si mesmo um presente. Uma pequena indulgência faz bem e reforça comportamentos positivos.

Mais importante: descubra a raiz dos motivos que o levam a protelar tudo: medo de errar? Temor do sucesso? Perfeccionismo? Déficit de atenção? Se necessário, procure ajuda médica ou psicológica.

Inimigos a vencer: sentimentos e crenças limitadores

Geralmente, eles estão por trás de fracassos que se repetem ou de tentativas abortadas logo no início. A primeira ação para vencê-los é tomar consciência de sua existência:

- Tripé de sentimentos: medo, culpa e raiva;
- A armadilha dos "ismos";
- Apego à "zona de conforto";
- Falta de equilíbrio entre as diversas áreas da vida;
- Incoerência entre o que *diz* e o que *faz;*

- Ilusões;
- Promessas não cumpridas;
- Obstáculos particulares.

Tripé de sentimentos: medo, culpa e raiva. Os três formam o tripé do desequilíbrio, de acordo com o conhecido *headhunter* e consultor Robert Wong, autor do best-seller *O sucesso está no equilíbrio.* Ele afirma que o medo deixa as pessoas inoperantes, indecisas. Insiste, porém, em que 90% de nossos medos são virtuais, frutos de dores passadas e projetadas no futuro. A raiva também é paralisante, prejudica o raciocínio e o pensamento, o que favorece a derrota. E a culpa é total perda de tempo. "Já aconteceu, não tem mais como consertar." Para ele, o que resolve é "se desculpar e aprender a lição".[2]

É preciso considerar, ainda, que mágoas acumuladas podem levar a explosões violentas. Ou estimular comportamentos visando o alívio de culpa. Nesse sentido, a ação comum é penitenciar-se, pagar um preço. "Às vezes, o preço é a inabilidade do indivíduo de vivenciar o prazer e a tranquilidade, mas também de apreciar a própria vida", afirmam Rosner e Hermes.[3] Um exemplo extremo citado pelos autores é o de Primo Levi, que sobreviveu aos campos de extermínio nazista, tornou-se um grande escritor e depois cometeu suicídio.

A armadilha dos "ismos". Há um rol de atitudes que podem ser bastante nocivas para o Projeto Segunda Chance.

Faça um diagnóstico: alguma delas traduz a sua postura de vida?

- Comodismo;
- Negativismo;
- Pessimismo;
- Individualismo;
- Oportunismo;
- Paternalismo;
- Imediatismo;
- Fatalismo.

Minha sugestão para bloquear esse dragão é que os envolvidos na construção da própria Segunda Chance adotem uma espécie de grito de guerra: "*Ismo* não é comigo!"

Apego à "zona de conforto". Calma e segura, a zona de conforto é como uma gaiola dourada onde vive o canário, com poleiro de jacarandá, cercado de toda a comodidade. No entanto, tudo ali é previsível e limitado. Quem não pretende se acomodar e almeja a Segunda Chance deve ter a coragem de sair da gaiola e se lançar como o sabiá, em busca de outras árvores, novas experiências.

Muitas vezes uma pessoa fica em um cargo durante muito tempo na empresa em que trabalha, como o canário da gaiola. Pode tentar participar de um novo projeto de expansão da empresa e aceitar um cargo no exterior, por exemplo. Deixar de ser canário e passar a ser um sabiá pode enriquecer sua vida.

Falta de equilíbrio nas diversas áreas da vida. A vida não se resume ao sucesso profissional. Há outras esferas a serem atendidas que podem guardar oportunidades para guinadas: na família, na comunidade, na saúde e na qualidade de vida, no relacionamento com amigos, na vida espiritual, na realização financeira, na cidadania etc. O desequilíbrio prejudica bastante as forças que precisamos mobilizar na hora da virada. Tente, por exemplo, voltar a conviver com amigos de fora do seu ambiente de trabalho e da sua profissão ou participar de um projeto comunitário no seu bairro. Iniciativas assim aumentam o grau de equilíbrio da sua vida e podem ser úteis até mesmo no trabalho. Você vai se sentir melhor, mais autoconfiante, e isso ajudará seu desempenho profissional.

Incoerência entre o que diz e o que faz. Esse é um dos maiores entre os problemas que têm enfraquecido pais, chefes e professores. A geração mais jovem está muito atenta a sinais de incoerência e questiona a legitimidade das lideranças sempre que percebe que há uma diferença entre o que é dito e o que é feito. Tente ser coerente e, quando não for, saiba ouvir, reconheça e tente mudar em busca da convergência entre seu discurso e suas ações.

Ilusões. Muitas vezes lançamos mão de argumentos, desculpas e supostas estratégias que não têm sustentação. Servem apenas para nos iludir. Perdemos o foco e vamos nos enganando, sem fazer o que precisa ser feito. Eis alguns exemplos:

- "Preciso fazer um curso de gestão do tempo." (Será que você não vai perder mais tempo?)
- "Daqui para a frente vou trabalhar menos." (Você de fato acredita nisso?)
- "O jeito é esperar a sexta-feira, o *happy hour.*" (*Happy hour* não é felicidade, apenas uma compensação, uma indulgência à pressão e à infelicidade no trabalho.)
- "Vai melhorar. Depois da tempestade vem a bonança." (É muito difícil uma situação desagradável mudar se não houver uma atitude nesse sentido.)

Pare de se iludir, assuma a realidade e lute para melhorar o seu ambiente de trabalho e o uso do seu tempo, entre outras mudanças que precisa promover no seu cotidiano.

Promessas não cumpridas. Não é segredo para ninguém que hábitos saudáveis andam de braços dados com a qualidade de vida. Contudo, o que deveria ser nosso grande aliado passa a ser mais um fantasma a nos rondar.

Todo final de ano somos craques em nos fazer promessas de mudanças de hábitos que nunca concretizamos:

- Parar de fumar;
- Fazer exercícios físicos;
- Ter uma alimentação mais saudável;
- Perder peso;
- Ficar mais tempo em casa, com a família;
- Praticar o hobby preferido;
- Conviver mais com os amigos.

Mas, na primeira segunda-feira útil do ano, tudo volta ao normal, ou seja, nada muda. Sozinho é mais difícil mudar. Arranje um cúmplice no seu projeto de mudança e, em contrapartida, seja o fiel depositário do desejo de mudança desse alguém. Ajudem-se, então, a dar um passo na direção do que cada um deseja.

Obstáculos particulares. Características pessoais às vezes podem boicotar de tal maneira o projeto de mudança que precisam ser derrotadas como dragões. A lista é extensa. Vou destacar apenas as mais prevalentes e impactantes: baixa autoestima, timidez, falta de assertividade, fobias, arrogância, mau humor, mentiras. Chamo a atenção para a arrogância típica daqueles que não produzem, mas se acham o máximo e sempre buscam a culpa nos outros, no mercado, nos clientes e ficam bancando o "coitadinho". A combinação do arrogante coitadinho é um dos tipos mais difíceis de lidar que conheço. Não existe receita pronta nem fórmula fácil para demolir esses obstáculos. Talvez o melhor seja procurar a ajuda de um especialista ou de alguém de confiança.

O valor do autoconhecimento

Não poderia concluir essa lista de "dragões internos" a serem vencidos sem mencionar uma das principais habilidades que o ser humano precisa adquirir para encarar as vicissitudes da vida: a façanha do autoconhecimento.

Falo no autoconhecimento como "façanha" porque não é uma tarefa fácil nem algo que se aprenda em sala de aula. Trata-se de uma atitude duradoura perante a vida, que permite aprender de forma contínua sobre si mesmo e permanecer em constante estado de alerta para diagnosticar e vencer novos fantasmas, monstros e dragões.

Grande parte dos problemas empresariais decorre do fato de que as lideranças hoje podem até conhecer muito bem o cliente e a conjuntura, mas falta-lhes conhecer a si mesmas. Como administrar os outros se não souber gerir a si próprio? O autoconhecimento traz autoconfiança, e com ela é possível aumentar suas chances de chegar aonde você quer. O que não impede de solicitar ajuda quando houver necessidade.

O autoconhecimento é o que o educador, palestrante e autor Eugênio Mussak chama de "metacompetência", por meio da qual você pode exercer melhor suas habilidades e especialidades.[4]

Quem consegue se libertar e liderar a si mesmo por meio do autoconhecimento tem condições de ajudar os outros a também se libertar, criando forças saudáveis que auxiliam a realizar sonhos e a construir Segundas Chances.

É fundamental sermos mestres de nós mesmos, demonstrarmos coerência entre o que dizemos e o que fazemos. Precisamos inspirar os outros pelo exemplo e garantir harmonia nas diferentes áreas da vida. Precisamos liderá-la. Isso requer uma profunda percepção de nossas emoções, pontos fortes e fracos, bem como do impacto dos nossos impulsos, desejos e necessidades.

Quem se conhece bem sabe aonde quer chegar e por quê. Assim, é capaz de recusar ofertas tentadoras que o desviam do caminho desejado e dos seus princípios e objetivos de longo prazo. Já quem não se conhece acaba tomando decisões que geram insatisfação por ferirem valores e desejos.

Libertar-se dos "dragões internos" que nos prejudicam e tiram o nosso foco é uma das chaves do sucesso para virar o jogo a seu favor no trabalho, na família e na vida pessoal.

Uma vez livre desses empecilhos invisíveis, prepare-se para decolar rumo à construção da sua Segunda Chance.

Liste os três principais "dragões internos" que você precisa derrotar:

1. ....
....

2. ....
....

3. ....
....

5. Prepare-se para decolar

Uma grande virada produziu Vasco Carvalho Oliveira Neto, fundador e principal executivo da Armazéns Gerais Vinhedo (AGV). A empresa, sediada no município de mesmo nome, no interior paulista, é líder nacional em soluções logísticas em seu nicho de mercado.

Único homem entre os cinco filhos de uma família de fazendeiros, desde cedo foi preparado pelo pai para ser seu braço direito e sucessor. Na infância e na adolescência, acompanhou a expansão e o declínio do frigorífico da família, que possuía vários pontos de distribuição e abate no Brasil e exportava para diversos países da Europa. Mas enfrentou uma concordata em 1988 e, endividado, precisou encerrar as operações da principal unidade, em 1994. Na época, Vasco cursava administração de empresas na Fundação Getulio Vargas (FGV) e direito na Universidade de São Paulo (USP), no Largo de São Francisco, na capital paulista. Ajudou o pai a conseguir empréstimos para pagar as rescisões dos funcionários e a parcelar as dívidas com os credores.

Depois, tornou-se o segundo executivo do Mappin/Mesbla, empresa com mais de 10 mil funcionários. Logo percebeu que aquele grupo operava no vermelho e, mais uma vez, precisou negociar com fornecedores e credores. Teve, então, a ideia de iniciar um empreendimento com a mãe e as irmãs nas antigas instalações do negócio em Vinhedo: alugar um espaço para armazenagem de produtos frigorificados.

A perda do principal cliente, no entanto, levou à descoberta da real vocação: tornar-se uma empresa de logística. Em 1999, a AGV decidiu priorizar o mercado de medicamentos veterinários, até então deixado de lado. Mas a decisão mais importante, segundo Vasco, foi operar sem ativos. Em vez de comprar caminhões e armazéns, passou a gerir ativos de terceiros, conforme as demandas dos clientes. Isso trouxe flexibilidade e permitiu um crescimento rápido sem a necessidade de grande capital. Em sete anos, a AGV partiu do zero e chegou ao topo do mercado. Em 2006, passou a expandir para outros setores, como saúde e nutrição animal, saúde humana, cosméticos, serviços bancários e automotivos, tecnologia. Desde então, tem registrado um crescimento fabuloso.

"Vejo a vida como um campeonato de futebol. Vence o time mais preparado, mais coeso e que tiver o melhor elenco. Sorte ajuda, mas não ganha campeonato", afirma Vasco. Para ele, a verdadeira sorte é o encontro da oportunidade com a preparação: "Se você está determinado, as oportunidades sempre aparecem. Quem se esforça e se prepara tem sorte. Eu sou uma pessoa de muuuuita sorte!"[1]

A AGV continua a evoluir rumo a um novo patamar. Recentemente, alguns fundos de investimento aprovaram a aquisição de parte das ações da AGV numa operação cujos recursos injetados na empresa serão utilizados "para dar continuidade ao processo de expansão orgânico, reforçando ainda mais sua estrutura de capital", segundo noticiado pela imprensa especializada.[2]

Ao contrário de Oliveira Neto, há pessoas que ficam estagnadas. Não gostam de se mexer. Detestam mudanças. O "modelo mental" dessas pessoas parece ser inspirado na *síndrome da Gabriela,* personagem imortalizada pelo escritor baiano Jorge Amado e retratada na modinha escrita por Dorival Caymmi e cantada por Gal Costa: "Eu nasci assim, eu cresci assim e sou mesmo assim, vou ser sempre assim..."

Esse modelo mental pode ser sintetizado em frases que ilustram bem o estado de espírito das pessoas que não conseguem dar uma guinada na vida:

- "Isso não vai dar certo!"
- "Sempre foi assim, por que mudar?"
- "É muito tarde para mudar."
- "Isso não é para mim."

- "Você é pago para fazer, e não para pensar."
- "Manda quem pode, obedece quem tem juízo."
- "Em time que está ganhando não se mexe."

Mas também tem muita gente que atua, "se mexe, se vira", não se acomoda. O modelo mental dessas pessoas pode ser ilustrado pelas seguintes frases:

- "Em time que está ganhando é que se mexe."
- "Quem sabe faz a hora, não espera acontecer."
- "Levanta, sacode a poeira, dá a volta por cima."
- "Não sabia que era impossível, fui lá e fiz."
- "Antes tarde do que nunca."
- "Quem não arrisca não petisca."
- "Iniciativa, criatividade, proatividade fazem a diferença."
- "Mudança é a única coisa permanente."

Capriche no seu kit viagem

Antes de deflagrar ações para construir o seu novo caminho, é fundamental se preparar e reconhecer tanto os obstáculos internos quanto as forças de que dispõe. Portanto, para aumentar suas chances de sucesso no desafio de criar novas possibilidades em sua vida, convém refletir sobre dois conjuntos de fatores: o que você precisa garantir e o que seria bom eliminar antes da decolagem.

Vamos começar com alguns fatores que você precisa garantir para decolar rumo à sua Segunda Chance:

- Conquiste aliados;
- Crie um "Plano B";
- Disponha de recursos: tempo e dinheiro;
- Aconselhe-se com um especialista, se necessário;
- Desenvolva um arsenal de atitudes construtivas;
- Sue a camisa: ensaie muito para a "hora da verdade".

Conquiste aliados. Uma das regras de ouro para aumentar a possibilidade de sucesso na construção de uma nova chance é ter fortes aliados nas mudanças que serão necessárias. É bom estar cercado tanto de pessoas que nos apoiem na hora da verdade quanto de pessoas que nos inspirem na hora das escolhas, desde que, é claro, elas torçam por seu sucesso, deem um beijo lhe desejando boa sorte, ofereçam o ombro para você desabafar, vibrem com suas vitórias e até se disponham a atuar como o "advogado do diabo", o que é muito útil, uma vez que as críticas estimulam a revisão dos planos e a reavaliação do momento adequado para certas decisões e ações. É fundamental ter alguém com quem compartilhar os planos, as ideias, as intenções.

Sinto pena daqueles que viram as costas para os aliados que os fizeram crescer. Ingratos, às vezes se deixam levar pela arrogância e, dominados pelo egoísmo, manipulam situações para não deixar suas fraquezas aparecerem. Não sabem pedir ajuda e, mais cedo ou mais tarde, acabam sucumbindo.

Tive vários aliados e mentores ao longo da minha trajetória, pessoas que me inspiraram em vários momentos críticos de virada. Atualmente, conto com muitos parceiros e aliados em diversos projetos e aprendo com eles no dia a dia. Alguns são empresários e executivos. Outros são colegas de profissão. Minha esposa. Meus filhos.

Enfim, as janelas e as portas que se abriram para mim ao longo dessa trajetória contaram com a ajuda decisiva de aliados e parceiros que me ajudaram a viabilizar as mudanças que têm caracterizado minha história.

Crie um "Plano B". É preciso estar preparado para o momento da virada. Sentir coragem, ter noção de *timing* e contar com um plano alternativo caso algo dê errado.

Nunca abra mão de ter um Plano B para todos os momentos importantes da sua vida.

Disponha de recursos: tempo e dinheiro. De que você precisa para dar o primeiro passo? Numa viagem tradicional, são imprescindíveis mapa, bússola, âncora, bom condicionamento físico. A "viagem" em direção à Segunda Chance pode requerer um tempo considerável. Não se consegue mudar de profissão ou se dedicar a um projeto relevante tendo como base apenas os momentos de lazer ou as horas fora do expediente normal de trabalho. Não devemos tratar *o* Projeto Segunda Chance como um "bico" no nosso tempo, só cuidando dele nas horas vagas.

Em alguns casos, talvez seja necessária a disponibilização de capital. Sempre é bom ter uma poupança, aplicações e bens materiais com alta liquidez, dos quais você possa abrir mão na hora de viabilizar seu Projeto Segunda Chance. Ter um lastro razoável que lhe garanta certo tempo de sobrevivência sem depender de outras fontes pode aumentar sua segurança e sua autoconfiança. E ainda traz tranquilidade para lutar pelo que considera certo, no tempo certo.

Aconselhe-se com um especialista, se necessário. A guinada sempre traz certos desconfortos. Afinal de contas, deixamos para trás uma realidade com a qual estamos habituados, uma forma de pensar e de agir tão familiar que às vezes se torna até "automática". Em algumas circunstâncias, pode ser necessário ter ao nosso lado um conselheiro profissional, um terapeuta, um professor ou especialista no assunto. Peça auxílio, se for o caso.

Sue a camisa: ensaie muito para a "hora da verdade". O jornalista norte-americano Malcolm Gladwell, em seu ótimo livro *Fora de série*,[3] deu uma boa contribuição ao entendimento de como certas pessoas obtêm sucesso. Não se trata de sorte, mas de bastante preparação.

Suor e inspiração andam de mãos dadas nos casos de sucesso. Gladwell demonstra como várias pessoas bem-sucedidas trabalham muito e tiveram o que ele chama de "10 mil horas de preparo" antes de explodir como um hit. Foi assim com os Beatles. Antes da turnê que os consagrou nos Estados Unidos, em 1964, haviam tocado mais de 10 mil horas nos barzinhos de Liverpool, na Inglaterra, sua terra natal, e em Hamburgo, na Alemanha.

Um exemplo emblemático aqui no Brasil é o de Oscar Schmidt, famoso jogador de basquete que vestiu a camisa da seleção brasileira de 1979 a 1996. Oscar sempre treinou muito e, após os treinos normais da equipe, só saía da quadra quando completava quinhentas cestas de três pontos cada, com arremesso livre de fora da área. Por isso, quando os jornalistas começaram a chamá-lo de "Mão Santa", ele respondia: "Santa, não! Mão Treinada!"[4]

Entendeu o conceito das 10 mil horas? E você, quantas horas tem dedicado ao seu Projeto Segunda Chance?

Desenvolva um arsenal de atitudes construtivas

É comum encontrar um conjunto de atitudes e posturas entre pessoas vencedoras. Além de construtivas, elas são diferenciadoras. Diria até que a presença delas é inerente ao sucesso:

- *Brilho no olho, faca nos dentes.* A vontade de fazer acontecer é o motor que move o mundo. Paixão, entusiasmo, dedicação, preparo.
- *Determinação e perseverança.* A Segunda Chance não acontece com quem tem o hábito de "jogar a toalha" quando as dificuldades aparecem.
- *Criatividade e inovação.* Mesmice não rima com competitividade. Diversidade, sim, rima muito bem.
- *Coerência.* Andar em zigue-zague não conduz a uma nova oportunidade na vida. É mais sensato planejar bem antes e, quando começar o jogo, ir firme, ajustando sempre, mas evitando a insegurança do comportamento titubeante.
- *Disposição para aprender.* O conhecimento é perecível; já a capacidade de aprendizagem é um bem durável.
- *Inteligência integradora.* A habilidade de juntar elementos, linguagens ou áreas do conhecimento (somada ao aprendizado contínuo) está na base das descobertas científicas e das maiores criações artísticas. Permite unir o que parecia inconciliável, dar um salto em direção ao próximo patamar da vida.

Solte suas amarras

O motor para sua virada também pode ser o desapego: livrar-se de algo ou de algum vínculo. Por exemplo, terminar um relacionamento sem afeto e sem reciprocidade; sair de um emprego improdutivo; superar a dependência de algum tipo de droga, cigarro ou bebidas para reconquistar a boa saúde; mudar de médico ou terapeuta; saldar uma dívida; despir-se de preconceitos, ideias, dogmas; jogar fora conhecimentos obsoletos.

A principal ação talvez seja eliminar atitudes e hábitos que já não servem mais. Perder muito tempo vendo programas de TV que não acrescentam nada ou o péssimo costume de cuidar mais dos problemas alheios do que dos próprios, só para citar dois exemplos.

Uma amiga sempre se queixava da falta de tempo para escrever um livro, um sonho antigo que acalentava. Perguntou-me se eu conhecia algum curso de "gestão do tempo". Respondi que talvez ela perdesse mais tempo ainda fazendo tal curso. Melhor, talvez, seria um curso para "aprender a dizer não". Ela se aborreceu comigo.

No dia seguinte, mandei-lhe flores com um bilhete: "liste três coisas que você precisa deixar de fazer e três 'nãos' que você precisa dar ainda hoje a pessoas ou projetos que estejam tirando o seu foco e desperdiçando o seu tempo." Mais tarde, ela me ligou e confessou uma das coisas que já estava deixando de fazer: "tenho o hábito de ler quatro jornais por dia e cheguei à conclusão de que basta ler um." "Ah, bom!", suspirei aliviado.

Sugiro que você, leitor, faça o mesmo exercício: quais as três coisas que precisa deixar de fazer e quais os três "nãos" que precisa dar ainda hoje?

Confira o seu "plano de voo"

Convém estar atento a erros frequentes cometidos na hora da *decolagem* e evitar algumas derrapadas:

- *Falta de clareza sobre aonde se quer chegar.* Apesar de sabermos que o principal pré-requisito para o sucesso de qualquer viagem é conhecer o destino, esse é o erro mais comum quando se começa a lutar por uma nova oportunidade na vida. Às vezes, a dificuldade em superar as dores do passado inspira o desejo de mudar, sem saber qual é o "porto de chegada". Construir a Segunda Chance não é apenas se satisfazer com qualquer coisa diferente da situação atual. Implica refletir muito para ter convicção sobre a *situação desejada.* E lutar para chegar lá!
- *Dar um salto maior do que a perna.* Preconceitos, crenças e falhas de caráter podem fazê-lo meter os pés pelas mãos. Megalomania não é uma boa estratégia nos negócios nem na vida pessoal. Avalie se suas escolhas são sensatas. Às vezes, não é possível fazer o avanço de uma só vez. Então considere dois ou três tempos interme-

diários, pequenas evoluções até chegar à meta final. Muitas vezes, é importante saber acelerar para não perder uma oportunidade. Em certas ocasiões, porém, é preferível ir devagar, mas firme, a ambicionar demais, levar um tombo, quebrar a cara e desistir. Eventualmente, pode ser preciso até dar um passo para trás antes de dar dois à frente. Muitos que conheço querem ter o padrão de vida superior à sua capacidade de gerar renda, acabam se endividando, ficam dependentes e passam a acusar a empresa, o chefe, os sócios, por seus infortúnios.

- *Despreparo.* Tentar pular com a calça apertada, a saia justa, o "rabo preso". É preciso treinar, ensaiar, conhecer nossos pontos fracos para que não venham a criar problemas no momento decisivo de uma entrevista para um emprego ou numa conversa importante com um filho, por exemplo. Ter consciência do lugar aonde se quer chegar é fundamental, mas não suficiente. É necessário se preparar para a travessia. Não há espaço para a negligência, o desleixo, a falta de empenho. Muito menos para a improvisação e o "amadorismo". Segunda Chance é coisa séria, não devemos brincar com as consequências de nossas decisões.
- *Sentir-se onipotente* e *onipresente.* Achar que nada vai acontecer de errado, considerar-se supercapacitado. Daí a tendência é ignorar os sinais das

dificuldades iminentes ou subestimar as forças das circunstâncias ou dos obstáculos a serem enfrentados.

- *Achar que todos os saltos serão vitoriosos.* Algumas vitórias não afastam a possibilidade de eventuais fracassos. O importante é não desistir e tirar alguma lição do erro.
- *Repetir estratégias que deram certo no passado.* Essa é a maior derrapada que tenho percebido. Muita gente fica mal-acostumada com o sucesso anterior e só consegue fazer as coisas daquela forma. Não muda seu *script* e não sabe reconhecer que as circunstâncias mudaram. Na hora da decolagem, lembre-se do ditado popular: "A mesma água não passa duas vezes sob a mesma ponte."

Última dica: *gerenciar o sucesso às vezes é mais difícil do que gerenciar o fracasso.*

Leitor, decifre essa frase ou poderá ser devorado por seu significado!

Qual é o principal componente que falta no seu kit viagem? Um mentor? Recursos financeiros? Tempo? Aliados?

....

....

....

Entre os erros recorrentes na hora da decolagem, qual é o que você comete com maior frequência e que deve evitar no seu "plano de voo"?

....

....

....

....

....

....

....

6. Faça acontecer: escreva um novo capítulo na história de sua vida

Chegou a hora da verdade!

Recapitulando os movimentos feitos até aqui: você já localizou o momento em que se encontra no seu ciclo de vida; identificou uma oportunidade específica para construir a Segunda Chance; já escolheu um caminho que faz sentido para você; refletiu sobre perdão (se deve dar ou não a Segunda Chance aos outros e se deve perdoar a si mesmo); enumerou os "dragões internos" que precisa vencer; preparou-se para a travessia rumo ao futuro.

Agora só falta decolar.

Quem pretende criar uma próxima chance na vida não pode ficar acorrentado ao passado. Seus olhos devem se voltar para o futuro.

Mas aqui vai um alerta: *a travessia é tão importante quanto a chegada*. O caminho a ser percorrido não pode ser negligenciado em função da valorização excessiva dos objetivos, do porto de chegada. Afinal, nenhum navio foi construído para ficar ancorado num porto. Além disso, a crença de que os fins justificam os meios tem trazido muita infelicidade. Mesmo quando se consegue chegar ao destino, se o custo emocional é muito alto, reduz-se a glória da conquista.

É preciso planejar o avanço e trabalhar duro a fim de evitar o maior perigo: naufragar durante a travessia.

Como fazer esse movimento, essa transição?

Uma vez definido *aonde* se quer chegar, o próximo passo é estabelecer *como* fazer. De um fôlego só? Ou parando algumas vezes para reabastecer? Dá para conseguir tudo num único salto? Ou é preciso ir aos poucos, em uma evolução gradual?

Ambos os movimentos — o planejamento e o *"fazejamento"* — precisam ser muito bem-executados. Tanto o porto de chegada quanto a travessia devem ser bem-calculados. Não adianta ter um belo plano e realizá-lo mal nem implementar com competência o sonho errado.

Tem gente que sabe aonde quer chegar e planeja bem a travessia. Mas essa forma de pensar e agir é apenas um dos cinco estilos possíveis na arte de gerenciar sua virada.

A combinação dessas duas variáveis — definição do porto de chegada e planejamento da travessia — define um importante aspecto do seu estilo pessoal. E esse será o seu diferencial decisivo, o que vai determinar o seu grau de sucesso.

Você é do tipo Fazedor ou Planejador?

1. "Tô nem aí." Não tem um objetivo claro nem se preparou para a travessia. Em outras palavras, não conhece o destino nem o caminho a tomar. Não sonha nem se prepara. Vive ao sabor dos acontecimentos.

Se é jovem, segue os outros; se é aposentado, não tira o pijama; se é funcionário em uma empresa, passa o dia de olho no relógio, esperando o fim do expediente; se é dona de casa, fica na total dependência do marido.

Muitas vezes permanece parado, anda devagar ou, pior, caminha para trás.

Quando resolve virar o jogo, a tendência é se dar mal, porque tenta usar de esperteza, aciona truques que nem sempre funcionam, segue a opinião dos outros, escolhe mal o sócio ou investe no negócio errado, e assim encontra justificativa para se acomodar ainda mais.

2. "Planejador sem foco." Para ele, os meios são mais importantes do que o resultado. Valoriza o processo, os rituais. Não tem um objetivo claro.

É eficiente, preparado, mas não ousa. Vai para onde sopra o vento. Espera o tempo passar, a aposentadoria chegar. Operacional e burocrata, repete o que deu certo; às vezes, chega a ser controlador e obsessivo.

Funcionário-padrão, oferece um bom apoio aos sonhos dos outros. Mas não move uma palha para realizar o próprio sonho. Espera que o chefe lhe ofereça a oportunidade, que a sorte bata à sua porta. E como nada disso acontece, sente-se um injustiçado.

Bons exemplos são encontrados no futebol: aqueles jogadores que sempre distribuem a bola para os lados. Não fazem gol. Ficam costurando no meio de campo sem objetividade. Lembra-se de alguém em seu time com essas características? E na sua empresa?

3. **"Realizador afobado."** Conhece o objetivo, mas se atrapalha na travessia: sai atropelando tudo e todos, atirando para todos os lados. Impaciente e ansioso, sonha com várias coisas ao mesmo tempo e não hierarquiza seus planos.

Idealista, porém desorganizado, não planeja os detalhes e corre riscos desnecessários que podem comprometer seu sonho.

Escolhe o sócio ou o parceiro errado. Não faz contas com despesas e se endivida. Não forma equipes. Dá um passo maior do que a perna. Marca gols, mas cria um clima inadequado e às vezes é expulso do jogo.

Empreendedores natos geralmente são assim.

4. **"Realizador moderado."** Tem os objetivos razoavelmente bem-definidos e é competente na travessia. Responsável, consistente, caminha devagar e cautelosamente, com passos seguros. É do tipo incremental. Às vezes, por excesso de cautela, almeja pouco e dá saltos dentro do mesmo patamar. De vez em quando acerta e marca um gol.

5. **"Realizador pleno."** Conhece muito bem os objetivos e é muito competente na travessia. Anda para a frente, busca um novo patamar, identifica o momento da virada.

Não apenas sabe aonde quer chegar, mas se prepara para alcançar o objetivo, o que aumenta suas possibilidades de acerto.

Elabora um Plano de Negócio com Alma®, um projeto que vai muito além de números, fluxos financeiros e pesquisas de mercado; expressa com clareza a causa a que se propõe, o significado que pretende ter para os outros, a sua filosofia de atuação, os resultados quantitativos e qualitativos a atingir e o sonho que pretende realizar. Elege um mentor adequado, escolhe parceiros que o ajudam e define valores para guiar suas ações e decisões.[1]

Eficaz, o realizador pleno faz a coisa certa e do jeito certo. Artilheiro e impetuoso, joga rápido e faz gol. Além disso, sabe distribuir bem a bola e dar passes para que os outros também marquem gols.

Então, conseguiu identificar o estilo que mais se aproxima do seu?

Um alerta: esses estilos nem sempre são rígidos, delimitados. Alguns deles se misturam e variam de acordo com as circunstâncias.

Na grande maioria dos personagens até aqui apresentados predomina o Estilo 5, dos realizadores plenos. Mas este livro foi escrito especialmente para as pessoas que apresentam os quatro outros perfis e estão dispostas a mudar sua maneira de pensar e de agir para se transformarem em realizadores plenos.

Mais importante do que identificar seu estilo é perceber o que falta para você se aproximar do realizador pleno.

Agora, chega de conversa, é hora de agir, de executar sua estratégia. Hora do "fazejamento", passo seguinte ao planejamento bem-feito.

Chega de planos, hora de agir

O primordial na hora de fazer acontecer é a ousadia de acreditar no seu sonho e transformá-lo em realidade. As pessoas que produziram as viradas aqui narradas não ficaram somente no campo das ideias e das intenções. Foram além: criaram circunstâncias e rupturas construtivas. Tornaram-se vencedoras por assumirem as rédeas de suas histórias. Fizeram acontecer. Renasceram!

Sem esse movimento de transgressão, não teriam virado a página em suas vidas. Sua coragem lhes garantiu um lugar ao sol.

O exemplo de Eloi D'Avila de Oliveira, fundador e diretor da Flytour, é inspirador. Atravessou vicissitudes que o ensinaram a estruturar o seu negócio e ser mais um "realizador pleno". Eloi aprendeu a empreender a duras penas.

Nascido em Esteio, no Rio Grande do Sul, perdeu a mãe no parto do irmão caçula. O pai se aposentou por invalidez e o deixou na casa da irmã, aos 3 anos. O marido dela vivia bêbado e batia no menino, que fugiu de casa várias vezes. Numa delas foi parar em São Paulo e ficou morando no Terminal Rodoviário do Tietê, depois, na Praça da Sé.

Aos 11 anos, foi recolhido por um senhor, que o levou para trabalhar em sua residência. Arranjou emprego em uma loja de malas, mudou-se para o Rio de Janeiro e foi ser vendedor em frente ao hotel Copacabana Palace. Lá conheceu um guia turístico da agência Stella Barros, que o empregou como office boy. A dona da agência, vovó Stella, permitiu que ele dormisse em um sofá ali mesmo. Ensinou-o a falar um pouco melhor e deu-lhe a oportunidade de ser vendedor. Eloi representou a Linhas Aéreas Paraguaias (LAP) e depois uma cadeia chilena de hotéis, a PanAmericana.

Em 1974, conseguiu autorização dos proprietários do hotel São Rafael, em São Paulo, para instalar o seu escritório em uma das salas. Vendia passagens, embarcava os passageiros em voos fretados e oferecia tratamento VIP a jogadores de futebol e artistas. Além da LAP, passou a representar Lan Chile, AeroPeru, Lloyd Aéreo Boliviano, Ibéria, PanAm e todas as companhias aéreas brasileiras, mas focado em um nicho: atender a agências de viagens.

Cinco anos depois, rebatizada de Flytour, a empresa foi autorizada pela Embratur a emitir passagens aéreas. Em 1986, já era a líder de vendas nesse segmento no país. Em 2010, o número de clientes chegou a quase 5 mil agências de viagens, que preferiam fazer aquisições de passagens pela Flytour em vez de comprar diretamente pelas companhias aéreas.

Para chegar lá, Eloi investiu em tecnologia de informação e no treinamento de atendentes e vendedores. E teve de superar percalços. Em 1992, quase foi à falência, quando um concorrente adotou práticas questionáveis de descontos e o seu maior credor, o Itaú, decidiu cobrar os 3,5 milhões de dólares de dívidas que a Flytour havia acumulado. Foi preciso vender 14 imóveis no bairro de Moema, na capital paulista, tomar um empréstimo e gerir o negócio de modo mais austero para acertar o caixa.

Também sobreviveu à guerra tarifária entre companhias norte-americanas que derrubou o mercado em 2000, à queda no interesse por viagens aéreas após o ataque terrorista de 11 de setembro e a sucessivas altas do dólar. "Sempre encarei os períodos de crise como os melhores momentos para investir... e renovar tecnologia, pessoas e estratégias", afirma Eloi.[2]

As turbulências o levaram a perceber a necessidade de ampliar a frente de serviços. Resolveu transformar a Flytour em franqueadora de agências de viagens. Em 2005, ganhou o prêmio de Franqueador do Ano concedido pela Associação Brasileira de Franchising (ABF). "Sem ser financista nem estrategista, já recomecei minha vida mais de dez vezes, graças ao que aprendi lá atrás (nas ruas). Sei que posso recomeçar quantas vezes for preciso", acrescenta Eloi. "As dificuldades proporcionam os maiores aprendizados para o ser humano."

Portanto, mesmo que em alguns momentos seja necessário recuar, isso não impede o avanço. Ao contrário, os desafios impostos pela crise podem se converter em lições valiosas. Às vezes, é preciso dar um passo atrás para poder caminhar dois passos à frente.

Os desafios nunca cessam: a "uberização" das reservas de hotéis, passagens aéreas e até mesmo de táxis e outros serviços constitui uma nova incógnita sobre o futuro das agências de turismo.

Mas, em plena recessão no Brasil, a Flytour já deu um importante passo à frente, tendo como foco as viagens corporativas.[3]

A trajetória de Eloy ilustra bem que é preciso estar atento a um ponto importante na construção de novas oportunidades: preparar-se para as vicissitudes do novo caminho. E estar consciente de que não existe caminho fácil. Os problemas não desaparecem ao se conceder uma nova chance na vida.

Precisamos nos livrar de uma grande ilusão: muita gente acha que ter sucesso e felicidade é deixar de ter problemas. Grande engano! Problemas de outra natureza surgem. E, em alguns casos, são mais numerosos e mais delicados.

Uma coisa é ser empregado de uma empresa média ou grande e comandar uma equipe de cinco funcionários; outra é ser o dono de um negócio e responsável pelo ganha-pão de dezenas de famílias.

Assim, é salutar pensar que sucesso (e felicidade!) não é deixar de ter problemas, mas sim sentir-se preparado para lidar com problemas crescentemente complexos.

Finalmente, gostaria de lembrar que os heróis das grandes narrativas atravessam enormes dificuldades até conseguirem dar uma guinada e cumprir sua missão. O momento mais crítico é chamado pelo antropólogo e especialista em mitologia Joseph Campbell de "provação suprema".[4] É quando o protagonista precisa enfrentar a derrota aparente para adquirir a sabedoria que o conduzirá à vitória final. Segundo Campbell, o herói precisa "morrer" para poder renascer. Precisa passar pelo erro para chegar à redenção. Todas as grandes histórias, das tragédias gregas aos filmes de

Hollywood (*Guerra nas estrelas* é um exemplo típico), apresentam um momento assim no enredo. Até mesmo animações da Disney e obras para adolescentes, como a saga de Harry Potter.

Os empreendedores não estão imunes a esses momentos de provação, quando são obrigados a empreender a mudança reativa. O que nem sempre imaginam durante a crise é que dali podem tirar a força necessária para dar a volta por cima.

Ao vencermos o passado e renascermos para uma nova vida em alguma dimensão, temos de nos preparar para fazer acontecer, reconstruir nossa história e lutar contra as adversidades que estão por vir. Talvez, então, uma "Nova Chance" seja necessária no processo de desenvolvimento constante que turbina nossas vidas em direção a patamares cada vez mais diferenciados e que, de preferência, tragam maior dose de felicidade.

Para os realizadores de sonhos, as muitas dificuldades do caminho não são motivo para desistirem do seu futuro. Há uma razão para continuar: *projetos são sonhos com data marcada.*

Se você pretende se tornar um realizador pleno, está na hora de fazer acontecer!

Entre as características citadas até aqui, quais são as que você mais precisa desenvolver para fazer acontecer, com maior grau de sucesso, o seu Projeto Segunda Chance?

....

....

....

....

....

Você é um Fazedor ou um Planejador? Qual é seu estilo predominante?

....

....

....

....

....

Hora de você elaborar o seu "Plano de Ação com Alma"®.

7. O renascimento nas empresas

Se você fizer um levantamento das empresas destacadas na lista das Melhores e Maiores Empresas da revista *Exame* ao longo das últimas quatro décadas — a primeira relação foi divulgada em 1974 —, vai constatar que vários vencedores do passado já naufragaram ou, no mínimo, saíram do ranking.[1]

Ícones do capitalismo brasileiro tombaram sob o peso das mesmas estratégias que os fizeram ter sucesso. Outras grandes companhias chegaram a um passo do abismo, mas foram salvas na UTI em operações promovidas pelo governo ou por fusões e aquisições. Seus comandantes optaram pelo caminho menos penoso de passar o leme para os sócios, inclusive estrangeiros.

Beneficiadas por décadas de protecionismo e pelo consequente jogo da competição artificial, muitas empresas nacionais não conseguiram se manter de pé quando o mercado se abriu. Talvez essa tenha sido a pior tempestade que se abateu sobre elas. Mas não a única. Foram impactadas, também, por inúmeras mudanças nas regras do jogo econômico, hiperinflação, congelamento de preços e tabelas de controle dos anos 1980, para não falar do confisco do dinheiro e dos choques externos dos anos 1990. As empresas têm sido afetadas pela revolução tecnológica, pela globalização e pelos absurdos custos fiscais, tributários, trabalhistas, financeiros e logísticos de operar no Brasil.

Mais recentemente, muitas empresas foram abatidas ou chamuscadas por uma desastrosa combinação de incompetência governamental, recessão na economia e prática de corrupção.

Mas não são apenas fatores externos que têm tirado as empresas do jogo. O maior empecilho muitas vezes se encontra dentro da própria casa: práticas gerenciais obsoletas, falta de rumo claro, estruturas inadequadas, falta de integração entre departamentos, pensamento fragmentado, atitudes idiossincráticas, baixo foco nos clientes, incapacidade de colaborar com parceiros, deslizes éticos, grau de endividamento inadequado, falta de inovação, baixa gestão dos riscos, gestão ultrapassada das pessoas e governança que engessa o funcionamento, afugenta os jovens talentosos e tira a agilidade de resposta, a eficácia e a flexibilidade das decisões.

Contudo, nem sempre se pode culpar a lentidão pelas falhas das grandes empresas. Em várias delas, os executivos viram as mudanças chegando e reagiram. O real problema é que as respostas apenas reforçaram o que deu certo no passado, repetindo velhas fórmulas de sucesso, que já não servem mais. Apostaram em soluções para uma realidade que já não existe.

Setores inteiros da economia — siderurgia, automotivo, construção, eletrodomésticos e até grandes redes varejistas — precisam fazer uma virada e se reinventar em um novo patamar.

Nenhuma empresa — nem mesmo tradicionais campeãs — está imune a eventuais solavancos. Todas, sem exceção, precisam estar alertas para fazer os ajustes necessários antes que sejam forçadas a fazê-los.

Várias empresas precisam aprender a pensar de forma diferente: a privilegiar mais a rentabilidade do que o faturamento; a gerenciar melhor o caixa do que o resultado econômico; a escolher melhor os sócios; a identificar melhor as oportunidades de negócios; a dominar melhor seu grau de ambição; a depender menos de benesses temporários oferecidos pelo governo; a ter padrões éticos mais claros; a ter mais coragem de decidir quando perceber a mudança dos ventos, do que ficar esperando por "milagres".

A velha receita do sucesso

Já passou o tempo em que as empresas competiam sustentadas por algumas vantagens comparativas, que eram percebidas como "duradouras":

- Acesso a recursos naturais e domínio de matérias-primas;
- Disponibilidade de capital e reservas financeiras vultosas;
- Mercado protegido artificialmente por leis arbitrárias;
- Acesso privilegiado ao poder político;
- Economia de escala, típica de poucas empresas de grande porte.

Nada disso foi suficiente para que os vencedores de ontem sobrevivessem às incertezas do mundo globalizado, turbinado pela *revolução digital* e pelas exigências do novo perfil da economia de serviços e do conhecimento.

A sociedade de serviços já não se contenta apenas com um produto tangível, capaz de atender às suas necessidades. Exige um pacote de conveniências atrelado ao produto. Os serviços agora são mais relevantes do que o produto em si. O intangível, o simbólico, ultrapassa o tangível, o bem físico.

Por seu turno, a sociedade do conhecimento impõe novas regras que alteram a forma como as pessoas trabalham numa empresa: não são mais a "mão de obra", como eram chamadas no capitalismo arcaico; são talentos que exigem do empregador, cada vez mais, a condição de parceiros no negócio.

No cenário que se descortina, as empresas de sucesso serão aquelas que evoluírem da posição tradicional de sustentar algumas vantagens "duradouras" para o movimento constante de criar vantagens temporárias. Afinal, nesse ambiente, toda e qualquer vantagem competitiva é volátil. Daí a necessidade de reinventá-las, não apenas em épocas de crise, mas de forma contínua.

Aliás, o ambiente de alta volatilidade da economia não comporta mais a analogia com as estratégias de guerra, que foi útil na competição da era industrial. A nova gincana empresarial se assemelha mais às táticas de guerrilha: criar vantagens competitivas temporárias, destruí-las, mover-se para outras vantagens e assim sucessivamente.

A necessidade de mudar se faz notar no cotidiano de instituições privadas, públicas, não governamentais. Um sinal evidente desse descompasso é a insatisfação reinante: por parte dos clientes, com a baixa qualidade do atendimento; dos empregados, que não conseguem desenvolver seu potencial nas empresas nem se interessam pelos tradicionais planos de carreira; das lideranças, em razão de estratégias bem-arquitetadas que não funcionam ao serem implementadas; dos parceiros e sócios, desconfiados na hora de negociar; dos acionistas, apreensivos pelos riscos que não conseguem prever ou controlar; das comunidades, pelo impacto das empresas no meio ambiente e no seu dia a dia.

Sepultar ideias mortas que condicionam ações e comportamentos obsoletos e conduzem a decisões equivocadas é o primeiro passo para trilhar o caminho para a

Segunda Chance nas empresas. A crença de que "clientes compram produtos e serviços" é uma delas. Clientes estão mais exigentes e conscientes sobre preços, prazos e qualidade e só se tornam fiéis quando têm seus sonhos realizados. Portanto, eles compram a realização de sonhos, o benefício do uso do produto ou serviço, e não apenas o produto em si. Mudar essa forma de pensar significa criar a Segunda Chance com clientes insatisfeitos.[2]

A disputa não é mais pela fatia de mercado e a preferência de clientes. A trincheira avançada será na esfera das *competências críticas,* aqueles "pulos do gato" que separam as empresas vencedoras das perdedoras na hora da verdade.

Produto de boa qualidade e preços atraentes não constituem mais esse diferencial. Tudo isso passou a ser mera obrigação. Os produtos, por mais que sejam inovadores, estão sujeitos a cópias, com raras exceções. A competência diferenciadora agora é algo intangível. A imagem que o produto conquistou. A cultura da empresa. A paixão das pessoas e dos clientes. O respeito da sociedade. A reputação junto a fornecedores críticos. E, justamente por se tratar de algo difícil de imitar, tem valor estratégico para a empresa.

As empresas que planejam vencer precisam investir nas suas competências críticas. Avaliar atentamente quais são suas características positivas e seus pontos fracos, os elementos que precisam abandonar, o que devem desenfatizar, o que é necessário consolidar, o que precisam adquirir. E, a partir desse inventário, traçar suas estratégias diferenciadoras.

Precisam estar atentas às soluções disruptivas que estão destruindo negócios tradicionais da noite para o dia. Precisam criar elas próprias as suas "soluções disruptivas" que as posicionarão de forma diferenciada no mercado.

Os "pulos do gato" das empresas vencedoras

Uma das qualidades mais importantes da empresa vencedora é valorizar o sonho como a primeira etapa do planejamento estratégico. O processo de planejamento não consiste apenas em um ritual lógico e racional para registrar decisões e metas. Também leva em conta as aspirações e ambições sadias de empreendedores, clientes, parceiros e colaboradores.[3]

As demais características que diferenciam a empresa vencedora no futuro das empresas tradicionais do passado são as seguintes:

- *Valoriza o intangível,* e não apenas o tangível. Além de fazer a gestão eficiente de capital, equipamentos, estoques, tecnologia e instalações, estimula uma cultura diferenciada e um clima de confiança e inovação;
- *Cultiva a paixão.* Constrói em todos os níveis e em todos os componentes do seu negócio um clima de "apaixonamento". Não se limita às ações pontuais motivadoras e muito menos

às iniciativas cosméticas, manipuladoras das emoções das pessoas;

- *Integra, de forma sistêmica,* o modelo de negócios, o modelo de gestão e o modelo organizacional, e assim evita a fragmentação, a "colcha de retalhos" típica das empresas tradicionais;
- *Atrai e desenvolve líderes inspiradores,* "construtores de pontes", que investem na formação de outros líderes e se distanciam dos chefes "construtores de paredes", individualistas, sectários, dispostos a formar apenas seguidores;
- *Luta pelo progresso dos seus clientes,* em vez de apenas buscar o próprio crescimento. Coloca o cliente no centro do seu organograma, mas não se limita a atender a seus desejos. Educa o cliente para o que de fato necessita;
- *Customiza a gestão de pessoas,* em vez de apenas "gerenciar cargos". Respeita individualidades e oferece inspiração para suas vidas. Não se contenta apenas em ter "colaboradores satisfeitos";
- *Constrói Arquipélagos de Excelência* em vez de Ilhas de Competência. Busca um alto grau de integração tanto nas suas equipes internas quanto na arquitetura de poderosos núcleos/grupos de parceiros;
- *Reinventa-se continuamente,* incentivando o clima de inovação e incorporando clientes e parceiros na busca de soluções. Não se contenta com criatividade espasmódica e "caixinhas de sugestões";

- *Incorpora a sustentabilidade* ao seu Modelo de Negócios e identifica para cada um de seus públicos o fator crítico a ser priorizado;
- *Coloca a tecnologia a serviço do ser humano,* e não o contrário;
- *Estrutura-se de forma horizontal, direta, flexível, focada em Centros de Resultados e em Negócios,* em vez de se basear no velho formato de estrutura funcional organizada por centros de custos. Esse modelo de governança sadio agiliza o processo decisório e atrai os talentos inquietos das novas gerações;
- *Constrói um Mapa de Geração de Valor* decorrente do significado percebido pelas entidades que fazem parte do seu modelo de negócios. Por isso seus resultados surpreendentes transcendem o valor econômico;
- *Cria soluções disruptivas,* inovando seu modelo de negócio.

Desse modo, os líderes das empresas vencedoras constroem o futuro enquanto garantem o presente, buscando, no curto prazo, a excelência do longo prazo. Não visam o crescimento desenfreado, mas o desenvolvimento que torne sua empresa longeva e autossustentável, como pudemos perceber analisando os diversos exemplos de empresas que promoveram viradas bem-sucedidas.

Os "pulos do sapo" das empresas que erram feio

Algumas características das empresas atuais precisam ser superadas, pois não promovem mudanças construtivas. Ao contrário, favorecem os chamados "pulos do sapo", que não levam a lugar algum:

- *Falta de propósito comum,* por isso as diversas áreas e pessoas remam o barco para destinos diferentes;
- *Desintegração entre pessoas e áreas,* provocando um tremendo custo invisível que, se monetizado, representaria uma significativa parcela do custo total;
- *Estruturas funcionais, verticais, centralizadoras,* que inibem o empreendedorismo;
- *Sistemas e processos incompatíveis com a natureza do negócio;*
- *Governança engessada,* que afasta os melhores talentos criativos;
- *Gestão de cargos, em vez de gestão de pessoas.* Não respeita os sonhos nem as peculiaridades dos indivíduos;
- *Gestão de clientes inadequada,* privilegiando ainda o produto e as normas internas em detrimento dos clientes;
- *Incapacidade de conviver e de compartilhar decisões com parceiros.* Restringe a competitividade;

- *Escassez de líderes eficazes em todos os níveis*, limitando as possibilidades de expansão, de mudança, de maior autossustentabilidade;
- *Atitudes que bloqueiam o seu potencial*: comodismo, paternalismo, arrogância, negativismo, centralização das decisões, clima de desconfiança, entre outros;
- *Falta de cultura de inovação.* Ao repetir fórmulas, as empresas cometem uma espécie de "esquizofrenia organizacional": embora desejem obter resultados diferentes, continuam a fazer as coisas da mesma forma;
- *Burocratização*, um empecilho para a cultura de empresariamento.

Um exemplo de "pulo do sapo" na tentativa de renovação de uma empresa foi dado pela rede norte-americana de fast-food McDonald's. Uma das suas maiores competências reside na localização geográfica (seus executivos são craques em achar endereços tão estratégicos que a lanchonete vira ponto de referência). Outra é a extraordinária padronização (você pode comer um Big Mac em qualquer parte do mundo).

A rede foi criada por um caixeiro-viajante, o norte-americano Ray Kroc, que já havia vendido copos de papel, imóveis na Flórida e, durante 17 anos, viajou pelos Estados Unidos vendendo um misturador de drinques de cinco hastes, o multimixer. Cada vez que chegava a um restaurante de um novo lugar, demorava para ter seu pedido atendido. E como as comidas variavam muito, com frequência seu organismo "protestava". Então começou a idealizar um restaurante que oferecesse atendimento rápido e os mesmos pratos em lugares diferentes, de modo que o consumidor pudesse fazer o pedido por conhecer antecipadamente o gosto de cada um.

Em 1954, recebeu um pedido de oito daqueles misturadores gigantes, feito pelos irmãos Mac e Dick McDonald, proprietários de pequenas lojas de hambúrgueres e shakes na cidade de San Bernardino, Califórnia. Ao visitá-los, ficou impressionado com o conceito de negócio que viu: um cardápio restrito de comida barata, que funcionava como uma rápida linha de montagem.

Kroc percebeu ali o potencial para a sua próxima chance. Negociou direitos de utilização daquele modelo com os irmãos McDonalds e abriu sua primeira lanchonete em 1955; seis anos depois, tinha 130 lojas. Assim nasceu um dos ícones do modo de vida norte-americano. Localização geográfica, padronização de produto e marca disseminada globalmente são suas competências críticas.

Com essas credenciais, a empresa resolveu fazer uma virada: diversificar sua linha de produtos e oferecer o café da manhã, até para aproveitar a ociosidade de suas lojas no período matutino — seus produtos costumam ser vendidos a partir das 11 da manhã. Bolou, então, o McCafé, que não é um caso de sucesso. Não conseguiu competir com as padarias nas metrópoles brasileiras.

Perdeu foco, dinheiro e ainda confundiu seus clientes, que não conseguem associar o Big Mac a café. Os mais irados chegaram a se manifestar em blogs dizendo até que o pão na chapa vendido em qualquer boteco é melhor do que os sanduíches gordurosos servidos no desjejum da lanchonete.[4]

Erro semelhante cometeu a Samsonite, quando tentou vender sapatos e sandálias depois de finalmente ter convencido o mercado de ser indiscutivelmente a melhor na sua especialização: malas e equipamentos de viagem. Não deu certo. Um analista perguntou com ironia: "Você andaria com uma mala nos pés?"[5]

Para reduzir o perigo de dar um "pulo do sapo", as empresas precisam avançar e ousar, mas sem perder o foco de sua essência.

O novo tempo exige novos rumos, outro paradigma. Assim, esse novo momento pode constituir uma imensa oportunidade, se soubermos aproveitá-la. Cada um de nós pode ser coautor de um novo capítulo da trajetória da sua empresa, desde que tenhamos a coragem de inventar o futuro, mas preservando o foco.

Liste três atributos diferenciados que a empresa na qual você trabalha já possui.

1. ....
....
2. ....
....
3. ....
....

Liste três atributos que a empresa na qual você trabalha precisa desenvolver.

1. ....
....
2. ....
....
3. ....
....

Liste três exemplos de empresas que deram "pulos do sapo".

1. ....
2. ....
3. ....

8. Comece tudo outra vez...

A bela música de Ivan Lins e Vitor Martins, "Começar de novo", certamente inspirou este capítulo. Ela aborda a coragem de virar a mesa e sobreviver. Sem fantasmas, sem escoras, sem esporas, contando apenas com a força interior.

Ela serve de metáfora para a espiral da vida. As pessoas, assim como as empresas, evoluem, numa espiral crescente. Algumas vitórias não afastam a possibilidade de eventuais fracassos. É ilusão esperar que todos os saltos sejam vitoriosos. Nem sempre as coisas saem como o previsto ou o desejado.

Quando algo não dá certo, o importante é aprender com os próprios erros e os de terceiros e usá-los como estímulo para a próxima tentativa. A partir deles, buscar as novas oportunidades, começar a preparar a nova etapa de sua vida.

Assim, a arte de viver está ligada à capacidade de recomeçar diversas vezes. Reinventar-se sempre. Viver não apenas uma, duas ou três vidas. Mas quantas desejar e estiver disposto lutando pelo seu sonho.

Faz parte dessa arte a habilidade de aproveitar a nova jornada.

Carpe diem! Aproveite o dia. Viva cada segundo da sua vida.

Por isso, celebre cada uma de suas "pequenas" e "grandes" vitórias. Festeje cada passo, cada avanço ao longo do seu Projeto Segunda Chance.

Viva cada ato, não importa se forem sete, como sugeriu Shakespeare, ou mais.

Viva seu novo tempo intensamente, momento a momento.

Cada gota de suor vale a pena ser homenageada.

Leitor, você merece uma Segunda Chance!

Leitor, prepare seu "Projeto Segunda Chance"!

Caro leitor, agora a bola está com você.

O seu futuro ainda não foi escrito. O de ninguém foi. O seu futuro será o que você fizer dele.

O checklist a seguir poderá ajudá-lo a realizar essa tarefa:

1. Quais as oportunidades que percebe para construir a Segunda Chance? Precisa fazer uma mudança reativa para superar uma dificuldade? Ou pretende iniciar a mudança proativa?

2. Que área da vida você pretende priorizar na construção da sua Segunda Chance?

   a) Vida profissional
   b) Amor e família
   c) Qualidade de vida e saúde
   d) Superação de acidentes e incidentes marcantes
   e) Realização financeira
   f) Vida social e cidadania

g) Escolhas éticas
h) Vida espiritual

3. Convém dar a Segunda Chance a alguém que o prejudicou?

4. Vale a pena dar a Segunda Chance a quem você prejudicou?

5. De que "dragões internos" você precisa se libertar?

6. Pronto para decolar?

- Preparou seu kit viagem?
- Elegeu um forte aliado?
- Criou uma rede de proteção?
- Garantiu recursos: tempo e dinheiro?
- Precisa de orientação de algum especialista?
- Conferiu o seu "plano de voo"?

7. Faça acontecer

- Você é do tipo Fazedor ou Planejador?
- Preparado para vender seu peixe?

Escreva uma nova história em sua vida!

VOCÊ MERECE UMA SEGUNDA CHANCE!
Envie seu PROJETO SEGUNDA CHANCE para
cesarsouza@empreenda.net

Acesse o canal no YouTube "Direto ao ponto com César Souza", envie ideias, relate sua experiência e vire o jogo a seu favor. Sucesso!

Fontes de consulta

Introdução

1. GARCIA, Sílvia. "A poção mágica do sucesso das Havaianas". In: *EstudeComex*. São Paulo: Aduaneiras, 2004.
2. Disponível em: <http://www.alpargatas.com.br>. Acessado em: 30 jun. 2012.

Capítulo 1

1. SHEEHY, Gail. *Passagens: crises previsíveis da vida adulta*. 2ª ed. Rio de Janeiro: Francisco Alves, 1979.
2. _____. *Novas passagens*. Rio de Janeiro: Rocco, 1997.
3. DEBERT, Guita Grin. "A dissolução da vida adulta e a juventude como valor". In: *Horizonte Antropológico, 2010*, vol. 16, n. 34, pp. 49-70. Disponível em: <http://www.scielo.br/scielo.php?script=sci_arttext&pid=50104-71832010000200003. Acessado em: 10 jun. 2012.
4. VIANNA, Marco Aurélio F. "A essência da administração: tendências para a década 00 (I)". In: *Conjuntura Econômica*, jan. 2004.
5. FRIEDMAN, Thomas L. *O mundo é plano: uma breve história do século XXI*. 2ª ed. Rio de Janeiro: Objetiva, 2006.

6. Magee, David. *Turbinado: a história de Carlos Ghosn, o brasileiro que salvou a Nissan*. Rio de Janeiro: Record, 2003.
7. Ibid.
8. Rabello, Carina; Alves Filho, Francisco. "Eles deram a virada". In: *IstoÉ*, n. 2.092, 11 dez. 2009.

Capítulo 2

1. Entrevista ao jornalista Jefferson Benício na revista *TAM nas nuvens*, maio 2004.
2. Entrevista ao jornalista Luiz Zanin Oricchio. "A importância de se viver à flor da pele". In: *O Estado de S. Paulo*, 20 abr. 2012, caderno 2.
3. Messias, Carlos. "Pé na tábua". In: Revista de bordo da Gol, maio 2012, pp. 80-8.
4. Ibid.
5. Rodrigues, Márcia. "Empresas frustram funcionários com ofurô corporativo". In: *O Estado de S. Paulo*, 13 nov. 2011, caderno Empregos, p. 3.
6. Mari, Juliana de. "A opção de sair", p. 7, e Marino, Caroline; Rossi, Lucas. "Adeus, trabalho chato", pp. 33-45. In: *Você S/A*, jun. 2012.
7. Betti, Renata. "Um novo tipo de empresário". *Veja*, 10 jun. 2009, p. 136.
8. Albuquerque, Lina de. *Recomeços*. São Paulo: Saraiva/Versar, 2009, p. 129.
9. Neto, Lira. *Maysa: só numa multidão de amores*. São Paulo: Globo, 2007.
10. Cotes, Estela. "Olhar lapidado". In: *TAM nas nuvens*, ago. 2011, pp. 72-85.
11. Ibid.

12. Pesquisa HSM/Empreenda. "Sonhos e pesadelos dos líderes empresariais brasileiros", 2011.
13. "Equilíbrio, metas e segurança: assim se formam os executivos de sucesso". In: *Época Negócios*, 20 jan. 2009.
14. Ibid.
15. Ibid.
16. Disponível em: <http://abiliodiniz.uol.com.br>. Acessado em: 30 abr. 2012.
17. Grael, Lars. *A saga de um campeão*. São Paulo: Gente, 2001, p. 21.
18. Maia, Maria Carolina. "A tetraplégica que treina Alinne Moraes". In: *Veja.com*, 4 nov. 2009. Disponível em: <http://veja.abril.com.br/entretenimento/tetraplegica-treina-alinne-moraes>. Acessado em: 11 jul. 2012.
19. "Cabañas voltará a jogar dois anos após o tiro". In: *Folha.com*, 20 jan. 2012. Disponível em: <http://www.noticias.bol.uol.com.br/folhaonline/esporte/2012/01/20/cabanas-voltara-a-jogar-dois-anos-apos-tiro.jhtm>. Acessado em: 11 jul. 2012.
20. Disponível em: <http://www.abrhsp.org.br/index.php/premios/9-jornalabrhsp/124-reescrevendo-a-propria-historia>. Acessado em: 11 jul. 2012.
21. Tarrío, Carolina. "Cérebro eletrônico". In: *Alfa*, maio 2012, pp. 112-118.
22. Albuquerque, Lina de. *Recomeços*. São Paulo: Saraiva/Versar, 2009, p. 9.
23. Goulart, Gustavo. "Cissa Guimarães volta aos palcos duas semanas após a morte do filho". In: *O Globo*, 6 ago. 2010. Disponível em: <http://oglobo.globo.com/rio/cissa-guimaraes-volta-aos-palcos-duas-semanas-apos-morte-do-filho-em-espetaculo-marcado-por-2969465>. Acessado em: 11 jun. 2012.

24. Passi, Clara. "Essa dor é minha. Tenho que superar". In: *Quem Acontece,* 22 dez. 2011. Disponível em: <http://revistaquem.globo.com/Revista/Quem/0,,EMI285901-8219,00-ESSA+DOR+E+MINHA+TENHO+QUE+SUPERAR.html>. Acessado em: 11 jul. 2012.
25. Albuquerque, Lina de. *Recomeços.* São Paulo: Saraiva/Versar, 2009.
26. Comentários atribuídos a populares e cidadãos portugueses que se diziam conhecedores da história do terremoto, mas não comprovados no documento oficial *1755 — Providências do marquês de Pombal que se deram no terremoto que padeceu a corte de Lisboa no ano de 1755.* Lisboa: Fundação Luso-Americana/Flad e Público, 2005.
27. Nóbrega, Clemente. "Caso Kodak/Fuji" [vídeo]. Disponível em: <www.clementenobrega.com.br>. Acessado em: 25 mar. 2012.

Capítulo 3

1. Passi, Clara. "Essa dor é minha. Tenho que superar". In: *Quem Acontece,* 22 dez. 2011. Disponível em: <http://revistaquem.globo.com/Revista/Quem/0,,EMI285901-8219,00-ESSA+DOR+E+MINHA+TENHO+QUE+SUPERAR.html>. Acessado em: 11 jul. 2012.
2. Fernandes, Nelito. "Quando ela era criança". In: *Época,* 28 maio 2012, seção "Personagem da semana", pp. 21-23.
3. Relato do motorista Paulo em painel promovido durante as sessões simultâneas do Congresso Nacional de Recursos Humanos (CONARH). São Paulo, ago. 2004.

4. CANÔNICO, Marco Aurélio. "Tal pai, tal filho". In: *Folha de S.Paulo*, 1º abr. 2012, p. El.
5. Ibid.
6. Shultz, Kathryn. *Por que erramos: o lado positivo do erro*. São Paulo: Larousse, 2011, pp. 16, 17, 29 e 31.
7. LUFT, Lya. "Erratas na vida". In: *Veja*, 29 fev. 2012, p. 22. Grifo do autor.
8. SILVA, Ana Beatriz B. *Mentes perigosas: o psicopata mora ao lado*. São Paulo: Fontanar, 2008.

Capítulo 4

1. ROSNER, Stanley; HERMES, Patricia. *O ciclo da autossabotagem*. Rio de Janeiro: BestSeller, 2009, p. 24.
2. WONG, Robert. *O sucesso está no equilíbrio*. Rio de Janeiro: Campus, 2007.
3. ROSNER, Stanley; HERMES, Patricia. *O ciclo da autossabotagem*. Rio de Janeiro: BestSeller, 2009.
4. MUSSAK, Eugênio. *Metacompetência*. São Paulo: Gente, 2003.

Capítulo 5

1. OLIVEIRA NETO, Vasco Carvalho. "Um expert em planejamento". In: MELO, Pedro; VIDIGAL, Marina. *Start up Brasil*. Rio de Janeiro: Agir, 2011.
2. Disponível em: www.exame.abril.com.br/mercado/notícias (27 abr. 2016 — 16h04).
3. GLADWELL, Malcolm. *Fora de série — outliers*. Rio de Janeiro: Sextante, 2008.
4. SCHMIDT, Oscar. *Conquistando o sucesso: a trajetória de Oscar Schmidt no basquete e na vida*. São Paulo: BestSeller, 1996.

Capítulo 6

1. Sobre Plano de Negócio com Alma® veja o livro *Jogue a seu favor* (pp. 113-122). Rio de Janeiro: Best Business, 2016.
2. Oliveira, Eloi D'Avila de. "O sobrevivente que aprendeu a empreender". In: Melo, Pedro; Vidigal, Marina. *Start up Brasil*. Rio de Janeiro: Agir, 2011.
3. Disponível em: www.exame.abril.com.br/negócios/notícias (15 dez. 2015 às 15h44).
4. Campbell, Joseph. O *herói de mil faces*. São Paulo: Pensamento, 2004.

Capítulo 7

1. "Melhores e maiores empresas". In: *Exame*. Anuário. São Paulo: abr. 2011.
2. Sobre clientes e como satisfazê-los, leia *Clientividade: como oferecer o que o seu cliente quer*. Rio de Janeiro, Best Business, 2016.
3. Para informações mais aprofundadas sobre a neoempresa, consulte o livro: Souza, César. *A NeoEmpresa: o futuro da sua carreira e dos negócios no mundo em reconfiguração*. São Paulo: Integrare Business, 2012.
4. Souza, Francisco Alberto Madia de. "Você tomaria café da manhã no McDonalds?". In: *Marketing Trends 2009*. São Paulo: MBooks, 2009, pp. 29, 32 e 42.
5. Ibid., p. 43.

Bibliografia

ALBUQUERQUE, Lina de. *Recomeços*. São Paulo: Saraiva/Versar, 2009.

BAUER, Ruben. *Gestão da mudança: caos e complexidade nas organizações*. São Paulo: Atlas, 1999.

DRUCKER, Peter F. *A organização do futuro: como preparar hoje as empresas de amanhã*. São Paulo: Futura, 1997.

______. "The Coming of the New Organization". In: *Harvard Business Review*. Boston: Harvard Business School Press, jan./fev. 1998.

DRUCKER, Peter F.; MACIARIELLO, Joseph A. O *gerente eficaz em ação*. Rio de Janeiro: LTC, 2007.

HAMEL, Gary; PRAHALAD, C. K. *Competindo pelo futuro*. Rio de Janeiro: Campus, 1996.

KANTER, Rosabeth Moss. *SuperCorp: How Vanguard Companies Create Innovation, Profits Growth and Social Good*. [*Super empresa: como companhias de vanguarda criam inovação, crescimento dos lucros e bem social*, em tradução livre.] Nova York: Crown Business, 2009.

KOTLER, Philip; KELLER, Kevin. *Administração de marketing* (São Paulo: Pearson, 14ª ed., 2012).

KOUZES, James M.; POSNER, Barry Z. *O desafio da liderança*. 3. ed. Rio de janeiro: Elsevier, 2003.

MELO, Pedro; VIDIGAL, Marina. *Start Up Brasil*. Rio de Janeiro: Agir, 2011.

MINTZBERG, Henry; LAMPEL, Joseph; QUINN, James Brian; GHOSHAL, Sumantra. *O processo da estratégia: conceitos, contextos e casos selecionados*. 4. ed. Porto Alegre: Bookman, 2006.

PORTER, Michael E. *Estratégia competitiva*. Rio de Janeiro: Campus, 2005.

PRAHALAD, C. K.; RAMASWANY, Ventak. *O futuro da competição*. Rio de Janeiro: Elsevier, 2004.

SENGE, Peter M. *The Fifth Discipline: The Art & Practice of the Learning Organization* [*A quinta disciplina: a arte e a prática da organização que aprende*, em tradução livre]. Nova York: Doubleday, 1990.

SENGE, Peter M.; SMITH, Brian; KRUSCHWITZ, Nina. "The Next Industrial Imperative". ["O próximo imperativo industrial", em tradução livre]. In: *Strategy+Business*. Issue 51, Summer 2008.

SOUZA, César. *A NeoEmpresa: o futuro da sua carreira e dos negócios no mundo em reconfiguração*. São Paulo: Integrare Business, 2012.

______. *Superdicas para conquistar clientes e para um atendimento cinco estrelas*. São Paulo: Saraiva, 2009.

______. *Você é do tamanho dos seus sonhos*. Rio de Janeiro: Best Business, 2016.

______. *Você é o líder da sua vida?* Rio de Janeiro: Sextante, 2007.

______. *Clientividade*. Rio de Janeiro: Best Business, 2016.

______. *Jogue a seu favor*. Rio de Janeiro: Best Business, 2016.

TUCHMAN, Barbara W. *A marcha da insensatez: de Troia ao Vietnã*. Rio de Janeiro: BestBolso, 2012.

WOOD JR., Thomaz (coord.). *Mudança organizacional*. 4. ed. São Paulo: Atlas, 2004.

best.
business

Este livro foi composto na tipologia Palatino LT Std Roman,
em corpo 11/16, e impresso em papel off-set 90g/m² no Sistema
Cameron da Divisão Gráfica da Distribuidora Record.